LAS LLAVES DEL UNIVERSO

Las Leyes Secretas y El Conocimiento
Prohibido Que Te Llevarán a Conseguir
Cualquier Cosa Que Desees

Walter Atkinson

Conocimiento Perdido

Copyright © 2025 por Walter Atkinson

Todos los derechos reservados. Ninguna parte de este libro puede ser reproducida, distribuida o transmitida en cualquier forma o por cualquier medio, incluyendo fotocopiado, grabación u otros métodos electrónicos o mecánicos, sin el permiso previo por escrito del autor, excepto en el caso de breves citas incorporadas en reseñas críticas y ciertos otros usos no comerciales permitidos por la ley de derechos de autor.

Primera edición, 2025

Contenido

Introducción: 1

Las Llaves del Universo:
Conocimiento Secreto para Obtenerlo Todo 7

Capítulo 1 - El Verbo Creador
y el Poder de la Palabra 14

Capítulo 2 - El Misterio de la Fe: Cómo las
Escrituras Antiguas Enseñan la Manifestación 24

Capítulo 3 - Evangelios Apócrifos 34

Capítulo 4 - Los Antiguos Pactos con el Universo:
Magia, Alquimia y Creación de la Realidad 44

Capítulo 5 - Las Letras Sagradas
Y La Estructura Del Universo 54

Capítulo 6 - La Sabiduría del Hermetismo 64

Capítulo 7 - Los Manuscritos Gnósticos:
El Poder del Hombre sobre su Destino 75

Capítulo 8 - Las Enseñanzas Perdidas de Jesús ... 86

Capítulo 9 - Las Enseñanzas Secretas
del Budismo y el Hinduismo 98

Capítulo 10 - Los Grimorios de la Edad Media . 109

Capítulo 11 - Física Cuántica,
Conciencia y Realidad 120

Capítulo 12 - El Sendero de Los Illuminati:
Los Secretos de las Sociedades Esotéricas 131

Capítulo 13 - Cómo Utilizar Estos Conocimientos
.... 140

Capítulo 14 - La Revelación Final 151

Introducción:

Todos vivimos en un mundo donde la realidad parece rígida, inflexible y gobernada por leyes inmutables. Las montañas son sólidas, el agua es líquida, y el tiempo avanza inexorablemente hacia adelante—o eso es lo que nos han enseñado a creer. Pero ¿qué pasaría si todo lo que consideramos fijo fuera, en su esencia más profunda, maleable? ¿Qué ocurriría si descubrieras que las barreras que limitan tu existencia fueran, en realidad, ilusiones mantenidas en su lugar por creencias adquiridas?

Lo que estás a punto de descubrir en estas páginas no es una fantasía ni un conjunto de técnicas superficiales. Es un conocimiento que ha sido celosamente resguardado, sistemáticamente oscurecido y deliberadamente fragmentado a lo largo de milenios. Un conocimiento que, en manos de quienes lo han dominado, ha permitido transformaciones que la mente racional descartaría como imposibles.

Este libro no es producto de teorías contemporáneas ni de deseos bienintencionados.

Cada capítulo desentraña verdades que han sido preservadas en códigos, símbolos y parábolas a través de diversas tradiciones espirituales y filosóficas. Lo que aparenta ser misticismo se revela, bajo un examen más profundo, como una ciencia precisa de la conciencia y su impacto en la estructura misma de la existencia.

Comenzaremos explorando el poder fundamental del verbo creador—cómo cada palabra pronunciada es más que un sonido vacío; es una vibración que imprime su frecuencia en el campo cuántico que nos rodea. Descubrirás que los antiguos alfabetos no eran simples herramientas de comunicación, sino códigos de programación para interactuar con la matriz de la realidad.

Nos adentraremos en el verdadero significado de la fe, no como una creencia ciega, sino como un estado vibratorio específico que permite a la conciencia reconfigurar lo posible. Te mostraré cómo las escrituras antiguas, despojadas de interpretaciones dogmáticas, contienen instrucciones precisas para manifestar cambios tangibles en tu experiencia.

Los evangelios apócrifos y textos gnósticos que examinaremos revelan verdades que fueron deliberadamente excluidas del conocimiento público—no por ser falsas, sino por ser demasiado potentes. En ellos encontrarás referencias explícitas al poder humano de crear realidad, enseñanzas que fueron sistemáticamente eliminadas para mantener estructuras de control basadas en la dependencia y el miedo.

La alquimia, lejos de ser un intento primitivo de transformar metales, se revelará como un sistema codificado para la transmutación de la conciencia. Los antiguos pactos con el universo que detallaremos no son rituales supersticiosos, sino protocolos precisos para sincronizar la intención individual con las fuerzas fundamentales de la creación.

Mientras avanzamos, las enseñanzas ancestrales del hermetismo cobrarán nueva vida, mostrando la correspondencia exacta entre los planos de existencia y cómo cada nivel influye en los demás. "Como es arriba, es abajo; como es adentro, es afuera" dejará de ser una frase enigmática para convertirse en una herramienta práctica de transformación.

El budismo e hinduismo, despojados de su ropaje cultural, se revelan como ciencias precisas de la mente y su capacidad para moldear la materia. Los estados de concentración que describiremos no son meros ejercicios de relajación, sino puertas de acceso a dimensiones donde las leyes que rigen lo físico pueden ser reescritas.

Lo que la física cuántica apenas comienza a vislumbrar, los iniciados de sociedades secretas han comprendido durante milenios. El observador no es separable de lo observado; la conciencia no es un producto del cerebro, sino el campo fundamental del que emerge toda experiencia. Este conocimiento, preservado por órdenes esotéricas, ha permitido a unos pocos trascender limitaciones que la mayoría considera absolutas.

Cada capítulo concluye con "Leyes Secretas"—principios específicos que han sido pasados discretamente de maestro a discípulo, de iniciado a iniciado. Estas no son simplemente sugerencias, sino ecuaciones precisas que alinean la conciencia individual con fuerzas universales para manifestar cambios tangibles. Algunas provienen de grimorios medievales, otras de manuscritos tibetanos, textos cabalísticos o papiros egipcios—todos traducidos al lenguaje contemporáneo sin perder su potencia original.

En la culminación de este viaje, llegarás a comprender que la revelación final no es una técnica más, sino un despertar a tu verdadera naturaleza como cocreador de la realidad. No es algo que debas alcanzar, sino algo que ya eres y has olvidado.

Este libro no es para todos. Algunos lo descartarán, incómodos ante verdades que desafían sus límites autoimpuestos. Otros lo leerán como una curiosidad intelectual, sin aplicar su contenido. Pero para quienes están preparados—para quienes sienten esa intuición persistente de que hay más, mucho más de lo que nos han enseñado—estas páginas contienen llaves que abren puertas que quizás ni siquiera sabías que existían.

No te pido que creas ciegamente. Te invito a experimentar, a comprobar por ti mismo. Porque la prueba definitiva de este conocimiento no está en argumentos persuasivos, sino en los resultados tangibles que produce cuando se aplica con comprensión y persistencia.

La realidad es maleable, y tú eres el escultor. Siempre lo has sido.

Walter Atkinson

Las Llaves del Universo: Conocimiento Secreto para Obtenerlo Todo

Existe un conocimiento que trasciende el tiempo, imposible de encerrar en fórmulas o escritos sin perder su esencia. Ha sido transmitido en susurros, oculto en símbolos, disfrazado en parábolas y prohibido por quienes temieron su poder. Ha desaparecido y reaparecido innumerables veces, como un río subterráneo que nunca deja de fluir. Siempre ha estado ahí, esperando a quienes logren verlo con una mirada renovada.

Y es en el primer encuentro con esta verdad donde se revela la paradoja del buscador: el hecho mismo de buscar implica la creencia de que lo buscado está ausente. Mientras percibas el conocimiento como algo ajeno, algo por alcanzar, reafirmas su lejanía. Es la gran ironía del camino interior: quien anhela el poder lo hace desde la sensación de carencia, reforzando con cada intento la ilusión de su propia impotencia. El verdadero cambio no sucede al encontrar lo que se persigue, sino al comprender que la búsqueda misma era el velo que lo mantenía oculto.

Este conocimiento no es más que el principio mismo de la creación, la fuerza que moldea la realidad, la clave que abre todas las puertas. Todo en el universo es vibración, y la conciencia humana es el instrumento con el que se esculpe el destino. Esta verdad ha sido entendida desde los tiempos más remotos, preservada en los escritos de sabios y distorsionada para evitar que los hombres comprendan que no son prisioneros de su entorno, sino los arquitectos de su existencia.

En toda enseñanza esotérica, lo más importante jamás se expresa en palabras. Los conceptos son meras señales que apuntan hacia lo inefable. Lo que en la tradición zen llaman "el dedo que señala a la luna", advirtiendo que jamás debe confundirse el signo con aquello que señala. El silencio no es ausencia de conocimiento, sino su manifestación más pura. Entre líneas, en las pausas de la enseñanza oral, en los espacios vacíos de los textos sagrados, reside la esencia que ninguna palabra puede contener. Lo no dicho tiene más poder que lo expresado, pues invita a la experiencia directa, mientras que las palabras solo pueden ofrecer un mapa, jamás el territorio. Por eso, los más sabios hablan poco, y los verdaderos maestros enseñan más con su silencio que con sus discursos.

"En el principio era el Verbo, y el Verbo estaba con Dios, y el Verbo era Dios". Esta frase encierra un mensaje que ha estado a la vista de todos desde siempre: la realidad responde a la palabra, al pensamiento, a la intención. Pero para comprenderlo en toda su profundidad, se requiere mucho más que una simple lectura.

Cuando esta verdad toca tu mente, despierta un eco familiar. No es una revelación ajena, sino un recuerdo. La memoria de tu poder creador aún vibra en cada célula de tu ser, codificada en la estructura misma de tu existencia. El estremecimiento que sientes no es el asombro ante lo desconocido, sino el reconocimiento de lo que siempre ha estado en ti, velado por capas de olvido inducido. No estás adquiriendo un conocimiento externo, sino recordando tu naturaleza esencial.

Piensa en ello como un soberano que, cegado por su orgullo, ordena levantar un palacio sobre el océano sin comprender que el agua no se somete a la rigidez de la piedra. De igual manera, muchos intentan dominar su vida sin conocer la verdadera naturaleza de la realidad. Cada pensamiento, palabra y acción resuena en la vasta red del universo, como un hilo que se entrelaza con otros en el tejido de la existencia.

El universo no es un mero reflejo pasivo de la conciencia; es un amplificador que expande y devuelve multiplicado lo que se emite. Como un espejo multidimensional que no solo refleja, sino que proyecta en todas direcciones. Esto explica por qué un pensamiento sostenido con convicción puede manifestarse con una fuerza inesperada. La vibración que emites, por insignificante que parezca, se propaga por las infinitas capas de la realidad, multiplicándose como una onda en el agua. Tu conciencia no solo crea tu experiencia, sino que la expande hasta que la totalidad de tu mundo vibra en la misma frecuencia. Por eso los antiguos sabios enseñaban que un solo pensamiento sostenido con absoluta certeza puede transformar no solo una vida, sino la estructura misma de la existencia.

Las civilizaciones antiguas comprendían este principio. Los egipcios lo codificaron en sus jeroglíficos. Los hebreos lo resguardaron en el Nombre Inefable. Los hindúes lo encarnaron en el sonido primordial del "Aum". Los gnósticos lo protegieron en manuscritos perseguidos, pues contenían una verdad peligrosa: el ser humano no es solo materia, es chispa creadora.

Si la realidad puede moldearse, si el destino es un reflejo de la mente, ¿por qué tantos viven atrapados en una existencia que parece inmutable? Porque una ilusión los mantiene prisioneros: un velo tejido de creencias impuestas, miedos heredados y estructuras diseñadas para que olviden su poder.

La disonancia cognitiva actúa como el más férreo guardián de esta prisión autoimpuesta. Cuando una verdad desafía las creencias fundamentales de alguien, la mente genera resistencia en forma de escepticismo, burla o incluso ira. Este mecanismo no es accidental; es la forma en que la psique protege su estructura frente a lo que percibe como una amenaza. Paradójicamente, lo que más libera es también lo que más se rechaza. Las verdades que podrían transformar la vida son descartadas no porque sean falsas, sino porque aceptarlas significaría admitir que se ha vivido en una ilusión.

El físico Max Planck, uno de los padres de la mecánica cuántica, lo expresó con absoluta claridad: "La materia no existe como tal. Todo lo que llamamos materia se origina y existe solo por la fuerza de una mente consciente e inteligente". Lo que la ciencia moderna apenas empieza a vislumbrar, los antiguos ya lo sabían: la realidad no es algo fijo, sino moldeable. Quienes controlan la percepción del mundo, controlan el mundo mismo.

Desde tiempos inmemoriales, los relatos hablan de sabios que creaban con la palabra, de alquimistas que transmutaban lo denso en lo sutil, de seres capaces de trascender los límites de esta dimensión. Y aunque la tradición moderna los ha relegado al ámbito de la fantasía, su mensaje sigue vigente: la mente no es espectadora de la realidad, sino su arquitecta.

El Zohar, texto central de la Cábala, afirma que el pensamiento es el primer velo de la luz infinita. Toda idea genera una vibración, cada vibración sigue una frecuencia, y cada frecuencia responde a un código. Los alquimistas, al hablar de convertir el plomo en oro, no solo se referían a los metales, sino a la transformación del ser, a la maestría de convertir la densidad en luz, la ignorancia en sabiduría.

Si todo es vibración, si todo sigue un código, entonces quien aprenda a escribir en la trama de la realidad podrá reescribir su destino. La gran ironía es que ese poder siempre ha estado en nuestras manos, pero hemos sido entrenados para usarlo en nuestra contra. A través del miedo, la duda y la repetición de ideas limitantes, se nos ha hecho olvidar lo que realmente somos.

Para trascender la paradoja del buscador, debes comprender que no hay nada que encontrar, sino algo que recordar. La búsqueda refuerza la ilusión de separación. No se trata de acumular conocimiento, sino de despojarse de lo que nubla la verdad. Cuando dejes de buscar fuera lo que siempre ha estado dentro, cuando comprendas que no posees poder, sino que eres poder, la paradoja se disolverá. La separación nunca existió; fue solo un espejismo.

Y basta una grieta en ese espejismo para que toda la ilusión se derrumbe. Porque la verdad no se encuentra: se despierta. Y una vez que lo hace, nada vuelve a ser igual.

Capítulo 1 - El Verbo Creador y el Poder de la Palabra

El universo entero es un entramado de vibraciones, una sinfonía oculta donde cada sonido teje su propia realidad. Desde el murmullo de las hojas hasta el estruendo de una estrella al morir, todo lo existente resuena con una frecuencia que lo define. Nada llega a ser sin antes haber sido invocado en el lenguaje sutil de la creación.

Sin embargo, antes de que la palabra se haga presente, existe un estado previo: el silencio. Lejos de ser un vacío inerte, es el crisol donde todas las posibilidades aguardan su momento. En las tradiciones antiguas, los sabios comprendían que el verdadero poder del verbo no residía solo en su pronunciación, sino en el espacio de quietud que lo precede. En ese intervalo sin ruido, en esa pausa en la que la mente se aquieta, se concentra la intención antes de tomar forma en el sonido.

Los antiguos guardianes del conocimiento sabían que la respiración previa a la palabra es tan sagrada como el verbo mismo, pues en ella se impregna la energía que lo dotará de significado. Observa a un niño que está a punto de hablar: su ser entero se recoge en un instante de expectación antes de articular un sonido. Ese momento contiene más poder que la palabra en sí. Lo mismo ocurre cuando un maestro permanece en silencio antes de ofrecer una enseñanza: su respuesta no proviene del pensamiento apresurado, sino de un lugar más profundo, donde la palabra nace con verdadera fuerza. Por eso, en las antiguas escuelas de sabiduría, los iniciados pasaban años cultivando la quietud interior antes de ser instruidos en los mantras sagrados, pues sin esa preparación, cualquier sonido se reduce a un cascarón sin sustancia.

Las civilizaciones ancestrales entendían que las palabras no eran simples sonidos vacíos, sino fuerzas activas con el poder de moldear la existencia. Antes de la materia, antes del tiempo, antes del movimiento, hubo sonido. Y ese sonido era el decreto que trajo todo a la existencia. En los relatos antiguos, la creación no surge por un gesto caótico, sino por una orden: "Que haya luz". Y la luz se manifestó.

Cuando un sacerdote de la antigüedad pronunciaba una palabra sagrada, no solo la nombraba, sino que activaba la frecuencia que la vinculaba con el tejido del cosmos. Con el tiempo, a medida que la humanidad se alejó de su conexión con la unidad del todo, su lenguaje reflejó esta separación, volviéndose más conceptual y menos vibratorio. Hoy en día, las palabras describen el mundo, pero han perdido su capacidad de interactuar con su esencia. Es como si intentáramos tocar una sinfonía en un instrumento desafinado: generamos sonidos, pero no la armonía que mueve la creación.

Según la Cábala, el universo fue edificado a partir de las veintidós letras del alfabeto sagrado, cada una con una vibración única que, al combinarse, tejió la estructura misma de la existencia. El Tetragramatón, el nombre divino compuesto por cuatro letras, no es solo un símbolo, sino una fórmula de equilibrio cósmico.

El mundo entero puede concebirse como una inmensa resonancia en la que ciertos sonidos actúan como llaves capaces de abrir puertas invisibles. No es casualidad que en todas las tradiciones espirituales se preserven cánticos y mantras con precisión rigurosa a lo largo de milenios. No se trata de simples rituales, sino de herramientas diseñadas para interactuar con las fuerzas que estructuran la realidad.

La cimática, la disciplina que estudia los efectos del sonido sobre la materia, ha demostrado que ciertas frecuencias generan patrones geométricos específicos en partículas de arena o líquidos. Si un sonido puede modificar la disposición física de estas sustancias, ¿qué impacto no tendrá sobre las capas más sutiles de nuestra existencia? Cada sonido primordial es como una contraseña vibratoria que, pronunciada con la entonación y la intención correctas, activa aspectos dormidos del universo. En el antiguo Egipto, los iniciados conocían combinaciones sonoras capaces de alterar el clima, no por magia, sino porque dominaban la relación entre ciertos sonidos y las dinámicas energéticas que influyen en el mundo físico.

Si la realidad ha sido tejida con palabras, entonces puede ser transformada con ellas. Quienes comprendieron el arte del verbo fueron capaces de moldear su destino y el de aquellos a su alrededor. A lo largo de la historia, el conocimiento sobre la palabra sagrada ha sido protegido y oculto en símbolos y alegorías para evitar que su poder cayera en manos no preparadas.

Lo que muchos desconocen es que el lenguaje cotidiano está repleto de decretos inconscientes que refuerzan la limitación. Frases como "no puedo", "esto es imposible", "siempre me ocurre lo mismo" son afirmaciones que el universo toma como órdenes y ejecuta con precisión. Muchas lenguas modernas han sido estructuradas de manera que resulta más fácil expresar imposibilidades que posibilidades, creando un marco vibratorio que refuerza la carencia. Este condicionamiento no ha surgido al azar, sino que ha sido sostenido durante generaciones como una forma de atar al ser humano mediante sus propias palabras.

En el antiguo Egipto, se hablaba del "Ren", el nombre secreto de cada ser, cuyo conocimiento confería poder sobre su destino. La enseñanza de los antiguos maestros era clara: la palabra debe ser emitida con intención y alineada con el orden universal. En el Evangelio de Tomás, se dice que la fe verdadera no es un sentimiento abstracto, sino una certeza absoluta en la eficacia del verbo: "Si dices a la montaña 'muévete' y crees en tu palabra, la montaña se moverá".

Las escuelas iniciáticas preservaban métodos para restaurar la potencia creadora del habla. En los templos egipcios, los aspirantes pasaban largos años en silencio antes de pronunciar ciertos sonidos sagrados, pues debían purificar su vibración antes de hablar con autoridad. En otras tradiciones, la entonación era entrenada con precisión matemática para que cada sílaba resonara con su máxima potencia.

La diferencia entre una palabra común y un decreto de poder radica en la energía que lo sustenta. Un sonido emitido sin conciencia es solo un eco disperso, pero cuando una palabra se pronuncia con intención y certeza, se convierte en una herramienta de transformación.

A lo largo de la historia, quienes dominaron el verbo influyeron en el mundo de manera trascendental. No por casualidad, los grandes guías espirituales realizaron prodigios a través de la palabra. Entendían que el verbo no solo describe la realidad, sino que la moldea.

Si el lenguaje ha sido degradado, también puede ser restaurado. La primera clave es la observación: detectar y eliminar los patrones lingüísticos que refuerzan la limitación. Cada palabra pronunciada es una semilla en el entramado del tiempo. Hablar desde la conciencia es hablar como lo hacían los antiguos: no desde la garganta, sino desde la esencia.

En el principio fue el verbo. Y el verbo sigue aquí, esperando a ser comprendido de nuevo.

Leyes Secretas

1. **Ley del Logos Primordial** (Evangelio de Juan 1:1): "En el principio era el Verbo, y el Verbo estaba con Dios, y el Verbo era Dios." La palabra precede a la materia. Para manifestar, formula tus intenciones en palabras precisas antes de cualquier acción, pues éstas programan el campo cuántico que precede a la realidad física.

2. **Ley de las Palabras de Poder** (Sefer Yetzirah): Las 22 letras del alfabeto hebreo contienen códigos vibratorios específicos que, cuando se pronuncian correctamente, alteran la estructura de la realidad. Utiliza mantras sagrados como "AUM" o "IAO" diariamente para recalibrar tu campo vibratorio antes de declarar tus intenciones.

3. **Ley del Heka** (Textos Egipcios): Los antiguos egipcios concebían las palabras correctamente entonadas como contenedores de "Heka" o poder mágico activador. Pronuncia tus afirmaciones con la resonancia nasal utilizada en los

antiguos templos—vibración que activa la glándula pineal—para potenciar sus efectos manifestadores.

4. **Ley del Abracadabra** (Grimorio Abramelín): Del arameo "Avrah KaDabra": "Creo mientras hablo". Para manifestaciones urgentes, escribe tu deseo en forma triangular, eliminando una letra cada línea hasta formar una punta, y recítalo mientras visualizas tu intención condensándose hasta materializarse.

5. **Ley del Vāk Siddhi** (Textos Védicos): "El poder de manifestar mediante la palabra perfecta." Según esta tradición, quien purifica completamente su habla obtiene control absoluto sobre la materia. Practica satya (verdad absoluta) por 40 días, eliminando falsedades o exageraciones en tu habla para desarrollar este poder.

6. **Ley de la Palabra Sin Duda** (Textos Herméticos): "La palabra impregnada de duda cancela su propio poder." Monitorea tu voz durante afirmaciones—los micro-tonos

vacilantes alertan al universo de tu inseguridad. Graba tus afirmaciones y elimina aquellas donde detectes tonos dubitativos.

7. **Ley del Decreto Sellado** (Tradición Cabalística): Un decreto pronunciado y luego olvidado tiene mayor poder manifestador que uno constantemente revisado. Después de declarar tu intención en voz alta, simbólicamente "séllala" con un gesto físico y luego deja de pensar conscientemente en ella, permitiendo que trabaje sin interferencia.

Capítulo 2 - El Misterio de la Fe: Cómo las Escrituras Antiguas Enseñan la Manifestación

Bajo la superficie de nuestra percepción ordinaria fluyen corrientes invisibles que modelan la existencia con la sutileza de un artesano divino—fuerzas imperceptibles para los sentidos pero reconocibles para la mente iluminada. Las escrituras ancestrales, utilizando el lenguaje simbólico de quienes veían más allá de las apariencias, preservaron estas verdades fundamentales: lo visible no es sino el reflejo de principios que operan desde el trasfondo del mundo, como sombras proyectadas por una luz que nunca ha sido apagada.

Existe un punto intermedio entre lo conocido y lo incognoscible, un espacio donde la creación toma forma antes de manifestarse. En la tradición sufí se denomina *barzakh*, un territorio que no es ni una cosa ni la otra, sino un estado que las une y trasciende a la vez. A lo largo de la historia, la humanidad ha sido llevada a habitar los extremos: el escepticismo que todo lo cuestiona o la credulidad que nada examina. Sin embargo, el verdadero poder creador florece en esa zona de equilibrio, donde la mente analítica se aquieta sin desaparecer y la certeza se instala sin volverse rígida.

Los misterios iniciáticos de Eleusis recreaban arquitectónicamente este tránsito, guiando a los iniciados a través de pasajes alternantes de luz y sombra hasta sumergirlos en una conciencia intermedia. La tradición zen lo nombra *shoshin*, "mente de principiante", un estado de apertura que permite lo imposible. Cultivar este estado requiere abandonar tanto la duda paralizante como la fe ciega y desarrollar una presencia consciente donde la realidad responde de forma maleable a la voluntad.

La fe no es un refugio para la ingenuidad ni una sumisión irracional. Es el puente entre lo potencial y lo manifiesto, la fuerza que traduce lo abstracto en forma. Con el tiempo, su significado ha sido reducido a un dogma, cuando en realidad es una herramienta de transformación.

Las tradiciones esotéricas han resguardado el conocimiento sobre la estructura energética de la fe. Cuando la certeza se arraiga en un individuo, se activan centros sutiles que en el estado ordinario permanecen inactivos. El yoga menciona el *anahata chakra*, el centro del pecho, como el núcleo de esta fuerza. La ciencia moderna lo observa en el fenómeno de la coherencia cardíaca: una armonización vibratoria que ocurre cuando la certeza no está en el intelecto, sino en la inteligencia del corazón.

Un corazón en este estado genera un campo electromagnético medible a varios metros de distancia, alterando la estructura misma de la materia. La Cábala describe este fenómeno como *mochin d'gadlut*, una expansión de la conciencia que activa el *merkabah*, una geometría energética que rodea al ser humano cuando alcanza una certeza profunda. Esta no es una metáfora, sino la alineación de los campos vibratorios del ser en un patrón que resuena con el orden del universo. La duda fragmenta este campo, la certeza lo afina y lo vuelve funcional.

Cuando Jesús afirmó: "Si tuvieras fe como un grano de mostaza, le dirías a esta montaña 'muévete' y se movería" (Mateo 17:20), no hablaba en términos figurativos, sino de un principio fundamental: la realidad responde a la certeza inquebrantable. Lo que llamamos "milagros" es simplemente el uso consciente de una ley universal apenas comprendida.

Existe una verdad poco divulgada: no solo el observador modifica la realidad, sino que la realidad nos observa. La tradición hermética lo sintetiza en el axioma "como es arriba, es abajo". No se trata solo de que nuestra percepción afecta el mundo, sino de que el universo mismo es un organismo consciente que responde a lo que somos, no a lo que declaramos querer.

Las partículas subatómicas cambian su comportamiento cuando son observadas. De igual forma, la conciencia universal no reacciona a nuestros deseos superficiales, sino a la frecuencia que realmente emitimos. Un maestro sufí decía: "La piedra me conoce", refiriéndose a la percepción de que todo en la existencia tiene una forma de conciencia que responde a nuestra vibración. Por eso, cambiar la realidad no es una cuestión de manipular lo externo, sino de modificar la frecuencia interna desde la que se interactúa con el mundo.

Dos personas pueden realizar la misma práctica espiritual con resultados opuestos. No es la técnica lo que genera el cambio, sino la resonancia del ser que la ejecuta.

La fe auténtica no es una esperanza futura, sino un reconocimiento presente. La esperanza proyecta lo deseado hacia el mañana, creando una distancia que perpetúa la separación. La fe, en cambio, reconoce lo que ya es, aunque los sentidos aún no lo perciban.

Jesús no "esperaba" la sanación de los enfermos, sino que veía su perfección más allá de la apariencia transitoria de enfermedad. El hebreo antiguo carece de una distinción clara entre presente y futuro, indicando que la separación entre ambos es ilusoria. En el sufismo, el *ayn al-qalb*, el "ojo del corazón", percibe la realidad más allá de las limitaciones aparentes. En el hinduismo, el *darshan* expresa esta misma capacidad de ver lo divino en todo.

Los sabios antiguos entendían que la fe no es una emoción pasajera, sino una frecuencia que sintoniza al individuo con el orden cósmico. La Cábala usa la palabra *Emuna*, que no significa "creer", sino "estar alineado con la verdad universal".

Los templos iniciáticos en Egipto eran laberintos tanto físicos como conceptuales. El iniciado enfrentaba callejones sin salida hasta que comprendía que la salida no se encontraba en la razón convencional. En los misterios órficos, se exponía a los aprendices a afirmaciones contradictorias para disolver la mente lógica y llevarlos a una percepción más profunda.

Quienes dominan la certeza pueden alterar su entorno con la sola intención. Historias de santos que caminaron sobre el agua no narran transgresiones a las leyes naturales, sino la armonización con principios que las gobiernan.

La ciencia comienza a medir los efectos de estos estados elevados de conciencia en la fisiología. Se ha registrado cómo la fe modifica las ondas cerebrales, equilibra los hemisferios, altera la producción hormonal e incluso puede influir en la expresión genética. El *vajra* o "cuerpo de diamante" en la tradición budista tibetana no es un concepto simbólico, sino la descripción de una transmutación energética real.

El desafío no es aprender algo nuevo, sino desaprender lo que nos limita. Desde la infancia hemos sido condicionados a dudar, a aceptar límites impuestos. Sin embargo, la historia está llena de ejemplos de quienes trascendieron lo que parecía inmutable.

Las enseñanzas budistas hablan de *tathāgatagarbha*, la naturaleza iluminada presente en todos. No es algo que se adquiera, sino que debe ser reconocido. El Maestro Eckhart lo expresaba así: "Para recibir la divinidad, el alma debe estar desnuda", es decir, libre de construcciones mentales que la aprisionan.

No hay necesidad de convencer al universo de concedernos algo. La manifestación no es un favor divino, sino el reflejo de nuestra frecuencia interna en la matriz universal.

La fe es el recuerdo de una verdad olvidada: no estamos sujetos a las circunstancias, sino que las configuramos. El mundo no es un muro fijo, sino una sustancia maleable que responde a la certeza.

Si deseas transformar tu vida, no ruegues ni esperes. Vive como si lo que anhelas ya fuera una realidad. Y cuando el mundo responda a esa convicción, no te sorprendas. Solo habrás recordado el funcionamiento esencial del universo.

Leyes Secretas

1. **Ley de la Fe como Sustancia** (Hebreos 11:1): "La fe es la sustancia de las cosas esperadas, la evidencia de lo no visto." La fe no es creencia sino percepción de una realidad ya existente en el plano etérico. Para materializarla, experimenta físicamente cómo se siente tener ya lo deseado, hasta que la sensación sea indistinguible de la realidad física.

2. **Ley del Cuerpo de Luz Activado** (Textos Esenios): Los antiguos esenios enseñaban que la fe verdadera activa el cuerpo de luz (Merkaba) que atrae automáticamente circunstancias resonantes. Visualiza diariamente un tetraedro doble girando alrededor de tu cuerpo mientras mantienes tu deseo en el centro de este vórtice.

3. **Ley de Bitachon** (Tradición Jasídica): La confianza absoluta que evita cualquier plan alternativo. El Baal Shem

Tov enseñaba que tener un "Plan B" anula automáticamente tu manifestación. Para aplicarla, quema simbólicamente todas las alternativas a tu deseo, comprometiéndote con un solo resultado posible.

4. **Ley del Vacío Receptivo** (Upanishads): "Solo cuando la vasija está vacía puede ser llenada." La fe verdadera requiere vaciar la mente de conceptos previos sobre cómo debe llegar tu manifestación. Practica la meditación shikantaza (solo sentarse) por 20 minutos antes de cualquier trabajo de manifestación.

5. **Ley de Pistis** (Textos Gnósticos): La pistis verdadera no es creencia sino reconocimiento intuitivo de las fuerzas cósmicas operando a través de ti. Para activarla, practica el ritual gnóstico de las "cinco selladuras", visualizando sellos de luz en tu frente, pecho, hombros y ombligo mientras afirmas tu unidad con la fuente creadora.

6. **Ley de la Fe sin Testigos** (Evangelio de María Magdalena): "Bienaventurado

quien cree sin necesidad de validación externa." Cualquier manifestación compartida prematuramente pierde potencia. Mantén absoluto secreto sobre tus trabajos de manifestación durante al menos 40 días, sin buscar confirmación ni aprobación externa.

7. **Ley de la Certeza Irracional** (Maestros Sufíes): Rumi enseñaba que la certeza que trasciende la lógica (yaqin) posee poder manifestador instantáneo. Alcánzala mediante la respiración circular sufí: inhala contando hasta 4, retén contando hasta 7, exhala contando hasta 8, mientras visualizas tu deseo como ya cumplido, hasta inducir un estado alterado de conciencia.

Capítulo 3 - Evangelios Apócrifos

El silencio, guardián implacable de los secretos más profundos, ha custodiado durante milenios conocimientos que amenazaron con desencadenar el potencial ilimitado del ser humano; no fueron ocultados por contener falsedades, sino porque su luz resultaba cegadora para quienes preferían el confort de la oscuridad. Estos fragmentos de sabiduría, desterrados a los márgenes de la historia oficial, no son meros vestigios arqueológicos, sino piezas de un mapa que, una vez ensamblado, revela el verdadero poder dormido en las profundidades de la conciencia humana.

Los evangelios apócrifos no son reliquias sin valor. Son llaves ocultas, portadoras de un mensaje que trasciende los límites impuestos por la doctrina. En sus páginas, Jesús no aparece únicamente como una figura sagrada, sino como un maestro que señala el sendero hacia una verdad más profunda: la divinidad no es un ente lejano ni algo reservado a unos pocos, sino una chispa presente en cada ser.

El Evangelio de Tomás, uno de los textos descubiertos en Nag Hammadi, contiene una enseñanza que pudo haber sacudido los cimientos de cualquier estructura religiosa: "El reino de Dios está dentro de vosotros y a vuestro alrededor. No en templos de madera y piedra. Partid un trozo de madera y allí estaré. Levantad una piedra y me encontraréis". Estas palabras destituían la necesidad de intermediarios, despojando a las instituciones de su monopolio sobre lo sagrado. Si la divinidad era accesible en cualquier instante, en cualquier lugar, entonces el hombre era libre. Y la libertad es lo que más teme el poder.

Pero estos escritos no solo invitaban a mirar hacia adentro. También contenían claves para descifrar los códigos ocultos de la existencia, principios que, comprendidos en su totalidad, conceden la capacidad de transformar la realidad. Sin embargo, este conocimiento no se entrega abiertamente, sino que se encuentra envuelto en capas de símbolos, esperando ser descifrado por aquellos con la voluntad de ver más allá de la superficie.

El arte de codificar la sabiduría en textos aparentemente sencillos ha sido una práctica común en las tradiciones iniciáticas. Cada palabra, cada relato, esconde significados superpuestos, accesibles solo para aquellos que han desarrollado la capacidad de leer entre líneas. Un mismo mensaje puede ser una simple historia para algunos, una enseñanza moral para otros y una revelación trascendental para quienes han alcanzado un mayor grado de comprensión.

A pesar de su poder, la humanidad ha preferido, una y otra vez, mantenerse en la comodidad de la ignorancia. No por falta de inteligencia, sino por el temor a la responsabilidad que conlleva el verdadero conocimiento. Es más fácil entregar el poder a manos ajenas que asumir el papel de arquitectos de nuestra propia existencia. Por ello, cuando una verdad amenaza con derribar los muros de lo establecido, fuerzas invisibles se movilizan para suprimirla.

Hay guardianes de este conocimiento, entidades que velan para que no caiga en manos de aquellos que aún no están preparados. A veces se manifiestan como circunstancias que desvían del camino a los curiosos superficiales; otras, como intuiciones que guían a los buscadores genuinos. Acceder a estos misterios requiere algo más que intelecto: es una cuestión de sintonía con lo invisible, de disposición para recibir sin prejuicios lo que está más allá de lo tangible.

Incluso aquellos que logran cruzar ese umbral rara vez lo proclaman abiertamente. En sus memorias, quizás llevan la huella de vidas donde fueron perseguidos por compartir lo que sabían. Su silencio no es egoísmo, sino prudencia. Comprenden que ciertas verdades mal interpretadas pueden convertirse en armas peligrosas en manos de quienes aún no han sanado sus sombras.

Por eso, los sabios nunca imponen su conocimiento. Hablan en metáforas, en enigmas que solo los ojos adecuados pueden descifrar. No porque quieran ocultarlo, sino porque saben que cada individuo debe recorrer su propio camino. Forzar la comprensión es inútil; cada conciencia despierta a su propio ritmo.

No obstante, a pesar de los intentos de sepultar este saber, jamás ha desaparecido por completo. Ha permanecido latente, aguardando el momento en que la humanidad esté lista para recibirlo. Y quizás ese momento ya esté aquí. Lo que una vez fue confinado a los márgenes de la historia está resurgiendo, porque el mundo se encuentra en una encrucijada donde el despertar es inevitable.

La pregunta no es si estos misterios serán revelados, sino quién tendrá la valentía de mirarlos sin temor. Comprenderlos no es un simple ejercicio intelectual; es aceptar una responsabilidad inmensa: reconocer que el poder no radica en figuras externas ni en instituciones, sino en la esencia misma de nuestro ser.

El conocimiento que fue sellado nunca ha sido una afrenta a lo divino. Al contrario, es una invitación a experimentarlo de manera directa, sin necesidad de intermediarios. Y quienes se atrevan a desafiar los límites impuestos, descubrirán que aquello que fue ocultado por miedo a su potencial sigue vibrando en el silencio de quienes lo recuerdan.

Nada se ha perdido realmente. Solo ha esperado pacientemente a ser redescubierto. Y ese momento no es un evento distante en el tiempo, sino algo que ocurre aquí y ahora, con cada pensamiento que nos atraviesa, con cada instante en que tomamos conciencia de nuestra propia existencia. Porque la verdad nunca ha estado afuera, sino en lo más profundo de nosotros mismos, aguardando a que la reconozcamos.

Así que tal vez no se trate de encontrar nuevas doctrinas, sino de recordar lo que siempre ha estado ahí. La mayor revelación no está en textos antiguos ni en figuras veneradas, sino en la propia naturaleza del ser. Un conocimiento que no necesita ser buscado porque nunca ha estado realmente escondido. Solo olvidado.

Ese es el mayor secreto: la divinidad no es un concepto distante, sino la sustancia misma de nuestro ser. Y cuando despertamos a esta verdad, los muros de lo imposible se disuelven, y la vida se transforma en un espacio donde podemos dar forma a nuestros sueños más elevados.

El verdadero desafío no es descubrir el conocimiento prohibido en libros antiguos, sino atreverse a mirar dentro con total honestidad. Porque es allí, en el silencio de nuestro interior, donde se encuentra la clave que abre todas las puertas.

Y cuando finalmente nos atrevemos a girar esa llave, nos damos cuenta de que la verdad nunca fue prohibida. Solo estaba esperando a que estuviéramos listos para verla.

Leyes Secretas

1. **Ley del Reino Presente** (Evangelio de Tomás, Logion 113): "El Reino del Padre está desplegado sobre la tierra y los hombres no lo ven." La realidad perfecta ya existe superpuesta sobre el mundo físico. Para acceder a ella, practica la técnica de "visión doble" gnóstica: mantén simultáneamente el

foco en el objeto físico y en su contraparte perfecta en el plano superior.

2. **Ley de la Brecha Arquetípica** (Códice de Nag Hammadi): Los arcontes mantienen separados el mundo perfecto de los arquetipos y su manifestación material. Para cerrar esta brecha, utiliza la visualización del "axón cósmico", un conducto directo entre el arquetipo de tu deseo y su manifestación física, visualizándolo diariamente al amanecer y atardecer.

3. **Ley de la Partícula Luminosa** (Evangelio de Felipe): "Cada deseo tiene su partícula de luz encerrada en la materia." Para liberar esta luz manifestadora, realiza el ritual gnóstico del "despertar de la centella": visualiza una chispa brillante dentro del objeto de tu deseo creciendo hasta consumir toda la forma, transformándola según tu voluntad.

4. **Ley de la Identidad Pleromática** (Apócrifo de Juan): "Tu esencia es idéntica al Pleroma creador." Recita diariamente: "No estoy en el cosmos; el

cosmos está en mí", mientras visualizas el universo entero contenido dentro de tu conciencia, estableciendo así autoridad sobre lo que se manifestará en tu campo de experiencia.

5. **Ley del Bautismo de Fuego** (Pistis Sophia): Solo la conciencia purificada por el fuego interior puede manifestar sin distorsiones. Antes de cualquier trabajo de manifestación, visualiza llamas violetas ascendiendo desde la base de tu columna hasta la coronilla, quemando todos los patrones limitantes que obstaculizan tu poder creador.

6. **Ley del Espejo Primordial** (Evangelio de María): La realidad es un reflejo perfecto de la luz interior. Para manifestar, crea una cámara de espejos mental, visualizándote rodeado por siete espejos dispuestos en un círculo, cada uno reflejando un aspecto de tu deseo desde diferentes ángulos hasta que se integren en una imagen coherente.

7. **Ley de la Autogénesis** (Libro de Jeu): "Aquel que se conoce a sí mismo puede generarse a sí mismo." Para manifestar

una nueva realidad, debes primero recrearte a ti mismo como el ser capaz de habitarla. Practica el ritual de "muerte y regeneración" visualizándote disolviendo tu identidad actual y reconstituyéndote como quien ya posee lo que deseas manifestar.

Capítulo 4 - Los Antiguos Pactos con el Universo: Magia, Alquimia y Creación de la Realidad

Todo está interconectado. Cada pensamiento, cada ser, cada estrella es un hilo que forma parte de una gran estructura en constante expansión. A lo largo de la historia, quienes han comprendido esta red han descubierto que no somos meros espectadores de la realidad, sino artesanos de nuestra propia existencia.

La existencia, en su núcleo, es un acuerdo. Antes de llegar a este plano, cada alma establece compromisos que definirán los escenarios y desafíos que encontrará en su camino. Estos pactos no son una sentencia irrevocable, sino el punto de partida desde donde el libre albedrío puede actuar. Son estructuras flexibles que pueden ser modificadas conforme la conciencia se expande y la comprensión se profundiza.

Cada emoción, cada pensamiento sostenido con suficiente intensidad, es un sello energético que abre la puerta a experiencias específicas. La mente, actuando como un puente entre lo sutil y lo tangible, proyecta en el mundo físico aquello que alberga de manera constante. Por esta razón, los sabios de todas las épocas han insistido en la importancia de cultivar una armonía interna, pues la calidad de nuestra conciencia define la calidad de nuestra realidad.

Nada en este vasto escenario ocurre en aislamiento. Existen fuerzas que custodian el equilibrio universal, testigos silenciosos que registran cada intención, cada decisión, cada acto de voluntad. Todo queda plasmado en un registro sutil, y esas inscripciones determinan las sincronicidades que se manifestarán en la vida. No es casualidad que ciertos encuentros, mensajes o sucesos lleguen en momentos precisos; son la respuesta natural de una realidad que siempre refleja lo que se siembra en ella.

Pero así como un pacto puede ser modificado, también los acuerdos con la existencia pueden reescribirse. Momentos de crisis, despertares internos o situaciones que nos llevan a replantear nuestro camino ofrecen oportunidades únicas para ajustar los términos de nuestra realidad. Cada vez que alguien se atreve a desafiar sus propias limitaciones, a soltar lo que lo ata o a abrazar una visión más amplia de sí mismo, se abre una nueva posibilidad. En esos instantes, se generan fisuras en el tejido de la realidad, permitiendo una reconstrucción consciente del destino.

Cuando un nuevo acuerdo se establece en el interior, la vida responde. Las sincronicidades comienzan a aparecer, confirmando que el mensaje ha sido recibido. Una persona clave surge en el momento justo, un libro llega a nuestras manos sin haberlo buscado, un sueño revela una verdad profunda. Estas señales no son meras coincidencias, sino respuestas de un universo que reconoce la transformación interna y la refleja en el mundo exterior.

Lo que algunos llaman magia no es más que la comprensión profunda de las leyes que rigen la existencia. No se trata de desafiar la naturaleza, sino de aprender a fluir con ella. Un verdadero mago no es aquel que manipula la realidad, sino quien ha despertado al conocimiento de que su mente es el motor de toda manifestación. De la misma forma, la alquimia no es solo la transmutación de metales, sino la transformación del propio ser, el refinamiento de la conciencia hasta alcanzar un estado de mayor claridad y poder interior.

Los antiguos textos prohibidos por los dogmas no eran simples manuales de encantamientos, sino guías para comprender la mente y su relación con la realidad. Escritos como el Libro de Abramelin o la Tabla Esmeralda de Hermes Trismegisto codificaban principios universales en símbolos, ofreciendo claves para un pacto consciente con la existencia. Y el primer paso de cualquier transformación siempre ha sido el mismo: el dominio sobre uno mismo.

Los grandes visionarios de la humanidad, aquellos capaces de romper los límites de lo convencional, no eran simplemente soñadores. Leonardo da Vinci, Nikola Tesla, Isaac Newton... todos ellos percibieron que la realidad se estructura sobre patrones y principios que pueden comprenderse y aplicarse. No eran meros genios, sino alquimistas en su propio derecho, exploradores de las leyes invisibles que rigen la existencia.

La diferencia entre quien es llevado por las circunstancias y quien forja su destino radica en la comprensión y el uso consciente de estos acuerdos primordiales. No es cuestión de fórmulas esotéricas o rituales complejos, sino del reconocimiento de que la realidad responde a la intención alineada con sus principios fundamentales. Cada pensamiento es una semilla que germina en el campo de la existencia, cada palabra es un decreto que moldea el porvenir, cada acción es la confirmación de un pacto con el universo.

Si la vida parece caótica o bloqueada, no es porque el orden cósmico haya fallado, sino porque se ha olvidado el arte de alinearse con él. Pero al igual que los contratos pueden ser revisados y modificados, también los caminos pueden redefinirse. Basta con reconocer el propio poder creador, asumir la responsabilidad de los estados internos y atreverse a reformular los términos de la propia existencia.

El auténtico mago no es aquel que desafía las fuerzas del universo, sino quien aprende a danzar con ellas. El alquimista verdadero no es quien transforma plomo en oro, sino quien transmuta su propia conciencia. Y el creador de su realidad no es un ser extraordinario, sino alguien que ha recordado quién es y ha recuperado el poder de su intención.

Cada alma es un reflejo del cosmos, un microcosmos dentro del infinito. En la medida en que cada individuo tome las riendas de su propia existencia y establezca acuerdos conscientes con la realidad, estará contribuyendo a la gran transformación colectiva. No se trata de cambiar el mundo por la fuerza, sino de cambiarse a uno mismo, porque cuando una masa crítica de seres despierta a su verdadero poder, la totalidad responde reflejando esa nueva conciencia.

Ese es el conocimiento que han custodiado los sabios de todas las épocas. La gran enseñanza es que la realidad no está impuesta, sino negociada, y que cada quien tiene la capacidad de reescribir su historia si toma las decisiones adecuadas. En cada instante, en cada pensamiento, en cada acción, estamos sellando los términos de nuestro pacto con el universo. Y cuando ese pacto se establece con claridad y propósito, la existencia responde con una sinfonía de sincronicidades que nos conducen hacia la manifestación de nuestro destino más elevado.

Leyes Secretas

1. **Ley del Pacto de Sangre Cósmico**
   (Libro de Abramelin): Los pactos más poderosos vinculan permanentemente el operador con las fuerzas manifestadoras. Para establecer tal vínculo, escribe tu intención con tinta roja sobre pergamino virgen durante la luna llena, sella con tres gotas de tu saliva (representando espíritu, alma y cuerpo) y guárdalo bajo tu almohada por 40 noches.

2. **Ley de las Horas Planetarias**
   (Picatrix): Cada hora está regida por una influencia planetaria específica que

amplifica ciertas manifestaciones. Para manifestaciones financieras, realiza tu ritual durante una hora de Júpiter (calculable mediante tablas planetarias tradicionales) preferiblemente en jueves, utilizando incienso de cedro para amplificar la receptividad del campo financiero.

3. **Ley de los Contratos Astrales** (Corpus Hermeticum): "Como firmas arriba, así se manifiesta abajo." Para manifestaciones mayores, crea un mapa astral del momento exacto de tu intención y marca físicamente sobre él los puntos de poder relevantes a tu deseo, creando una firma energética reconocible para las inteligencias cósmicas que asisten la manifestación.

4. **Ley de las Siete Llamas Alquímicas** (Manuscritos Rosacruces): Cada manifestación requiere activar secuencialmente las siete operaciones alquímicas. Visualiza tu deseo atravesando las transformaciones: calcinación (fuego purificador), disolución (licuefacción), separación

(identificación de esencias), conjunción (nueva combinación), fermentación (activación vital), destilación (purificación) y coagulación (solidificación final).

5. **Ley del Sacrificio Equivalente** (Grimorio de Armadel): Toda manifestación requiere un intercambio energético de igual valor. Antes de tus rituales de manifestación, determina conscientemente qué estás dispuesto a entregar de igual valor a lo que deseas recibir—puede ser tiempo, comodidad, hábitos o posesiones—y realiza un acto simbólico de desprendimiento.

6. **Ley de los Testigos Invisibles** (Libro de Enoch): Inteligencias no físicas validan y amplifican los pactos humanos genuinos. Para invocarlos, crea un "círculo de testigos" utilizando siete velas blancas dispuestas en círculo, nombrando a cada una según las siete virtudes herméticas, y declara tu intención desde el centro, pidiendo explícitamente validación y amplificación.

7. **Ley del Sello Salomónico** (Clavículas de Salomón): Todo pacto debe ser sellado con un símbolo que codifique la totalidad de la intención. Diseña un sigilo personal combinando letras de tu intención en un símbolo único, cárgalo energéticamente respirando sobre él durante 49 respiraciones conscientes, y actívalo colocándolo bajo tu plato durante siete comidas consecutivas.

Capítulo 5 - Las Letras Sagradas Y La Estructura Del Universo

Las palabras no son solo sonidos articulados ni trazos sobre una superficie. En su raíz más profunda, son códigos vibratorios, fuerzas invisibles que modelan la existencia desde planos que trascienden lo perceptible. A lo largo de la historia, distintas tradiciones han vislumbrado este poder latente en el lenguaje, pero son pocos quienes han comprendido su verdadera magnitud.

Para los sabios del pasado, las letras no eran meros signos convencionales, sino estructuras fundamentales que contenían la esencia misma del universo. Si la creación tiene su origen en el verbo, entonces cada letra es un pilar que sostiene el entramado de la realidad.

Dentro de la Cábala, la tradición mística más profunda del judaísmo, el alfabeto hebreo es mucho más que un conjunto de caracteres. Cada una de sus letras porta una vibración específica, una energía que no solo describe, sino que también configura la realidad misma. Según estas enseñanzas, el mundo no surgió del vacío absoluto, sino de una vibración primordial, una red de sonidos sagrados que continúan sosteniendo la estructura del cosmos.

Uno de los textos más antiguos de esta tradición, el *Sefer Yetzirah*, o *Libro de la Creación*, revela que el universo fue modelado a partir de 22 letras. Sin embargo, no deben concebirse como simples grafías, sino como patrones vibratorios que resuenan en la trama misma de la existencia. No es casual que los relatos sagrados describan la creación como un acto de nombrar: "Dios dijo: Sea la luz, y la luz fue". En ese pronunciamiento se halla el principio mismo de la manifestación.

Cada letra del alfabeto hebreo encierra una geometría oculta, un código de creación que trasciende su apariencia superficial. Su diseño, lejos de ser arbitrario, refleja estructuras universales que se replican en distintas escalas, al igual que la proporción áurea se manifiesta tanto en la espiral de una concha marina como en la estructura de las galaxias. Estas formas son fractales de energía, expresiones visibles de leyes invisibles que rigen la existencia.

Los antiguos cabalistas entendían que cada letra es un umbral, una llave que abre dimensiones de la realidad aún inexploradas. Cuando estas letras se combinan en nombres sagrados o fórmulas sonoras, activan secuencias vibracionales capaces de expandir la conciencia y reconfigurar lo sutil. El Tetragrámaton, el nombre divino representado por las letras Yod-He-Vav-He, no es solo un conjunto de sonidos, sino una ecuación vibratoria que codifica la dinámica misma de la creación.

Pero el poder de estas letras no es algo externo ni distante. En el núcleo de cada ser humano yace un alfabeto interno, una serie de símbolos primordiales que definen la esencia y el propósito individual. Estas claves arquetípicas, grabadas en los estratos más profundos del ser, se manifiestan a través de las aptitudes, inclinaciones y desafíos que cada persona enfrenta a lo largo de su vida. Despertar a la conciencia de este lenguaje interno es uno de los grandes secretos de la transformación personal.

Los sabios de tiempos remotos no solo estudiaban las letras sagradas, sino que las usaban como herramientas para moldear la realidad. Dominaban el arte de la escritura en el vacío, la capacidad de inscribir intenciones en el tejido sutil del universo sin necesidad de medios físicos. Este conocimiento, preservado en distintas tradiciones bajo nombres como el de los sellos místicos o los mudrás vibracionales, permitía grabar patrones energéticos en el éter y generar transformaciones invisibles, pero decisivas, en la estructura misma de la existencia.

Sin embargo, quizá el aspecto más profundo del trabajo con las letras sagradas es su capacidad para desmantelar el ego y disipar la ilusión de la identidad separada. Algunos símbolos, cuando se contemplan con suficiente atención y propósito, actúan como llaves que desarticulan las creencias limitantes y los condicionamientos adquiridos. Sumergirse en la pureza geométrica de estos glifos primordiales disuelve el ruido de la mente y expande la percepción, permitiendo atisbar la unidad subyacente que une todo lo existente.

Hoy en día, el lenguaje ha sido trivializado, reducido a un mero intercambio funcional. Se pronuncian palabras sin considerar su peso, sin percibir que cada sonido articula una vibración capaz de modificar la realidad. Esta banalización del verbo es un reflejo del olvido colectivo, un síntoma de la desconexión con la verdadera naturaleza del lenguaje como herramienta creadora.

Recuperar el conocimiento de las letras sagradas no es un ejercicio teórico, sino una vía de redescubrimiento. No se trata de aprender algo nuevo, sino de recordar lo que siempre ha estado allí: la certeza de que la realidad misma es un lenguaje vivo y que cada pensamiento, cada palabra y cada nombre pronunciado es un acto de invocación, una chispa que enciende la sustancia de la experiencia.

La pregunta es inevitable: ¿somos conscientes de lo que estamos escribiendo en el gran libro de nuestra existencia? Si el verbo es el instrumento de la creación, entonces cada idea formulada, cada sonido emitido y cada concepto asignado es un decreto que imprime su eco en la realidad individual y colectiva.

Quienes han comprendido este principio han dejado de ver el mundo como un entramado rígido e inmutable. Han aprendido a percibirlo como una matriz en constante transformación, un lienzo vibrante en el que la conciencia inscribe sus manifestaciones. Han entendido que el destino no es un guion preestablecido, sino un relato abierto, susceptible de ser reescrito con la tinta de la intención y la lucidez del espíritu.

Y han recordado que, antes de toda forma, antes del tiempo y el espacio, solo existía una única cosa: el Verbo. Ese Verbo primordial sigue resonando en la médula del universo, aguardando a ser reconocido, pronunciado y encarnado por aquellos que despiertan a su potencial infinito como cocreadores de la realidad.

El misterio de las letras sagradas es el enigma de nuestra propia esencia, la clave de la creación impresa en cada célula y en cada átomo de nuestro ser. Descifrar este código interno, aprender a leer y escribir en el lenguaje del alma, es quizás la más profunda revelación de la existencia humana.

Porque cuando comprendemos que somos verbo hecho cuerpo, que nuestra verdadera identidad es vibración consciente, dejamos de ser meros observadores de la realidad y nos convertimos en sus arquitectos. Y en ese instante, las letras trascienden su función habitual para revelar lo que siempre han sido: las llaves maestras que abren las puertas de la creación infinita.

Leyes Secretas

1. **Ley de las Permutaciones Nominales** (Sefer Yetzirah): "Con 22 letras, girándolas y combinándolas, Dios formó toda la creación." Para manifestar, descompón fonéticamente el nombre de tu deseo y recombina sus sonidos en nuevas secuencias durante 22 días, creando un puente vibratorio entre la realidad actual y la deseada.

2. **Ley de los Nombres Teúrgicos** (Oráculos Caldeos): Cada entidad o fuerza posee un nombre verdadero que, al pronunciarlo correctamente, establece dominio sobre ella. Para control sobre elementos específicos de tu manifestación, investiga sus nombres en diferentes tradiciones esotéricas y créales un "collar de sonido", encadenándolos en una secuencia rítmica que recitarás al amanecer.

3. **Ley de la Geometría Sagrada Lingüística** (Corpus Hermeticum): Las palabras de poder siguen proporciones áureas en su vibración. Escribe tu intención en forma de hexagrama perfecto, con igual número de letras en cada línea, y recítalo como un mantra, enfatizando las sílabas que caen en los puntos de intersección del hexagrama.

4. **Ley de los Nombres Teotokos** (Tradición Hesicasta): Ciertos nombres contienen la totalidad del poder manifestador divino. Utiliza el "método del corazón hesicasta": visualiza tu nombre sagrado elegido (tradicionalmente "Jesús" o "YHVH") escrito con luz dentro de tu corazón mientras sincronizas cada sílaba con tus latidos, creando una resonancia física con tu intención.

5. **Ley de la Escritura Angélica** (Manuscritos Enoquianos): Existen alfabetos no-humanos que comunican directamente con las inteligencias manifestadoras. Aprende los básicos del alfabeto enoquiano de John Dee, y

utiliza sus caracteres para escribir tu intención, específicamente usando las letras correspondientes a los "Señores de la Manifestación" (ángeles Paa, Med, Don y Fam).

6. **Ley de los Mantras Semilla** (Tradición Tántrica): Cada realidad posible posee un "sonido semilla" (bija mantra) que, cuando se vibra correctamente, la hace germinar. Identifica la cualidad esencial de tu deseo y encuentra su bija correspondiente (por ejemplo, "SHREEM" para abundancia), vibrándolo 108 veces diarias mientras visualizas tu manifestación creciendo desde una semilla hasta su forma completa.

7. **Ley del Silencio Después del Verbo** (Zohar): "Después de la palabra de poder, el silencio sella la manifestación." Tras declarar tu intención en voz alta, mantente en completo silencio durante un período específico (tradicionalmente 7, 9 o 13 minutos), permitiendo que el "eco" de tu

declaración reverbere en el campo akáshico sin interferencias.

Capítulo 6 - La Sabiduría del Hermetismo

En la gota de rocío que tiembla sobre la hoja se refleja la vastedad del firmamento; en la estructura microscópica de la telaraña se reproduce el diseño de las galaxias; en el latido del corazón humano pulsa el ritmo primordial que ordena el cosmos. Lo inmenso no habita exclusivamente en lo distante o inalcanzable, sino que se manifiesta en lo cotidiano, esperando ser reconocido por aquellos que han despertado la visión que trasciende las apariencias.

Hermes Trismegisto, la voz eterna que ha resonado a través de los siglos, dejó inscrita una verdad que es el eje de toda enseñanza esotérica: "Como es arriba, es abajo; como es adentro, es afuera". Más que una máxima filosófica, esta afirmación es la llave que une lo tangible con lo intangible, lo efímero con lo eterno.

Desde tiempos inmemoriales, la humanidad ha levantado la mirada al cielo en busca de respuestas, convencida de que la verdad se encuentra en lo distante, en lo divino, en lo inalcanzable. Pero lo que ha perseguido incansablemente ha estado siempre en su interior, reflejando las mismas leyes que gobiernan el universo.

Esta correspondencia perfecta entre lo inmenso y lo diminuto encierra un misterio que pocos han logrado comprender en su totalidad: la realidad tiene una naturaleza holográfica. No como un concepto metafórico, sino como un principio fundamental. En un verdadero holograma, cualquier fragmento contiene la información completa de la imagen total. Así sucede con el universo: cada partícula, cada célula, cada pensamiento contiene la totalidad en sí mismo. No eres solo parte del universo; eres el universo expresándose en una forma específica. Tu conciencia no es una entidad aislada, sino una extensión de la conciencia cósmica experimentándose a sí misma desde tu perspectiva.

Los antiguos egipcios, al erigir sus templos, empleaban proporciones que reflejaban distancias estelares. No lo hacían por superstición, sino porque entendían que la estructura del cosmos podía replicarse en la materia, generando puntos de resonancia. Entrar en estos espacios armonizados con la geometría universal despertaba un reconocimiento profundo, como si algo en el interior respondiera a un lenguaje olvidado pero familiar. Este mismo principio puede aplicarse en la vida diaria. La disposición de los espacios que habitas, el ritmo de tu respiración, la cadencia de tus pensamientos, todo puede sintonizarse con ciertas armonías cósmicas, permitiendo que influencias sutiles transformen tu experiencia.

Los alquimistas, guardianes del conocimiento hermético, sabían que la transmutación del plomo en oro simbolizaba mucho más que un proceso material: representaba la elevación de la conciencia, la purificación del ser y la transformación de lo burdo en lo sublime. En el Corpus Hermeticum, Hermes explica a Asclepio que el ser humano es un reflejo del universo, una miniatura de la totalidad. La esencia de las estrellas brilla en nuestra sangre, la inteligencia del cosmos se proyecta en nuestra mente. La separación entre lo alto y lo bajo es ilusoria; todo es parte de una misma unidad.

Esta unidad se despliega en siete niveles de manifestación, cada uno reflejando al otro en una secuencia infinita de correspondencias. El plano físico, con su aparente solidez, es solo la manifestación más densa. Más allá se encuentra el plano etérico, la matriz energética que sostiene lo material. Luego el plano emocional, donde las corrientes sutiles del sentir moldean la experiencia tangible. Más arriba está el plano mental, donde las ideas toman forma antes de cristalizarse en la realidad. En el nivel causal, las semillas arquetípicas de toda manifestación son sembradas. En el plano búdico, la intuición reconoce la interconexión entre todo lo existente, y finalmente, en el nivel átmico, la individualidad se diluye en la conciencia pura.

Estos planos no están separados, sino que se interpenetran e influyen mutuamente. Un cambio en el estado emocional altera la química del cuerpo. Un despertar de la conciencia transforma la manera en que percibes el mundo. Aquí radica un poder inmenso: puedes modificar tu realidad desde cualquier nivel y afectar la totalidad de tu ser.

Para quienes comprenden estos principios, la elección del punto de inicio para una transformación es estratégica. Algunos encuentran más efectivo modificar su cuerpo físico, ajustando la postura, la respiración o la alimentación. Otros trabajan desde la mente, reprogramando creencias y utilizando la visualización. Pero quienes han profundizado en estos misterios saben que el punto más poderoso se encuentra en el plano causal, donde los patrones primordiales pueden ser modificados antes de descender a los niveles más densos.

Sin embargo, muchos han malinterpretado este principio, creyendo que lo sagrado es algo externo, que el destino es una fuerza ajena, que las circunstancias son inamovibles. No han comprendido que la realidad no es más que un reflejo de la voluntad, que lo divino no está fuera, sino en la esencia misma de su ser.

Todo en el universo sigue un ritmo. Las galaxias giran, los planetas trazan órbitas precisas, el latido del corazón sigue su propio compás. De la misma manera, cada persona tiene ciclos de expansión y contracción, momentos de claridad y de introspección, de acción y de descanso. Estos ciclos no son caóticos ni accidentales, sino que reflejan patrones universales. Observarlos en la propia vida es uno de los conocimientos más útiles que ofrece el hermetismo.

Los antiguos iniciados no solo reconocían estos ritmos, sino que aprendían a sincronizarse con ellos. Hay momentos propicios para sembrar ideas y momentos para recoger sus frutos. Respetar estos tiempos naturales evita el desgaste innecesario y permite alcanzar objetivos con un mínimo esfuerzo.

Esta comprensión se complementa con el principio de vibración. "Nada está inmóvil; todo se mueve; todo vibra", dice El Kybalion. Cada emoción, pensamiento y forma material es energía vibrando a diferentes frecuencias. Lo que parece sólido no es más que una oscilación en un rango perceptible. Los antiguos hablaban de "la música de las esferas", la armonía cósmica generada por el movimiento de los astros. No es solo una metáfora, sino una realidad vibratoria que puede ser sintonizada.

El sonido es uno de los métodos más directos para trabajar con la vibración. Los mantras, las entonaciones sagradas y los patrones rítmicos tienen efectos concretos en la conciencia y el cuerpo. La música que eliges, las palabras que pronuncias y el tono en el que hablas están modificando constantemente tu campo energético.

El ser humano ha olvidado su capacidad de crear porque ha olvidado que su mente moldea la materia. Un pensamiento desordenado genera una realidad desordenada. Un ser fragmentado termina reflejando su caos en el mundo. Los alquimistas sabían que, para transformar cualquier sustancia, primero debían alcanzar un estado de neutralidad absoluta, donde la conciencia actúa sin interferencias del ego.

Este estado no es desapego ni frialdad, sino una presencia total, libre de identificaciones limitantes. Es la mente que observa sin aferrarse, que ve sin distorsionar. Es el principio detrás de muchas tradiciones místicas, donde el ser humano deja de considerarse un individuo aislado y reconoce su unidad con el todo.

Nada ocurre en el vacío. Todo está conectado en una red de correspondencias, donde un pensamiento sostenido con la suficiente intensidad puede alterar el curso de los acontecimientos. El destino no es algo externo, sino la consecuencia natural de las vibraciones que proyectamos.

Los sabios de todas las culturas entendieron que quien armoniza su voluntad con las leyes del universo se convierte en arquitecto de su propio camino. Esta no es una cuestión de fe, sino de conocimiento aplicado. La separación entre el individuo y la totalidad es la gran ilusión. Comprender esto no es un ejercicio intelectual, sino un despertar. Porque cuando recuerdas que la realidad no es algo que te sucede, sino algo que emerges de ti, el mundo deja de ser un enigma y se convierte en un reflejo de tu propia esencia.

Leyes Secretas

1. **Ley de Proyección Mental** (El Kybalion): "El Universo es Mental; todo es Mente." Para manifestar, debes proyectar tu pensamiento con la misma certeza con que proyectas tu brazo para tomar un objeto. Practica la técnica hermética de "lanzamiento mental": visualiza tu deseo como una esfera luminosa que exhalas y proyectas conscientemente hacia el plano donde se manifestará.

2. **Ley de la Resonancia Vibratoria** (Tabula Smaragdina): "La vibración determina la atracción." Cada día, durante 33 minutos, induce deliberadamente el estado emocional que tendrías si tu deseo ya estuviera manifestado. Tu campo electromagnético personal alertará al campo universal para atraer circunstancias resonantes con esa frecuencia específica.

3. **Ley del Péndulo Cósmico** (Corpus Hermeticum): Todo oscila entre polos opuestos con perfecta regularidad. Para manifestar, identifica en qué punto del

ciclo se encuentra actualmente el aspecto de la realidad que deseas cambiar, y aplica tu intención precisamente cuando comienza a moverse naturalmente hacia el polo deseado.

4. **Ley de la Transmutación Mental** (El Kybalion): "La mente puede convertir una vibración en otra." Para transformar circunstancias negativas, utiliza la técnica de "traslación vibratoria": mantén tu atención fija en la situación indeseada mientras gradualmente elevas tu estado vibratorio hasta que sientas la situación transformarse en tu percepción interna.

5. **Ley de los Planos Correspondientes** (Liber 777): Cada manifestación debe activarse simultáneamente en múltiples planos. Crea un ritual de siete pasos donde activas tu intención en los siete niveles herméticos: físico (con un gesto), etérico (con la respiración), astral (con emoción), mental (con pensamiento), causal (con intención

pura), búdico (con intuición) y átmico (con silencio).

6. **Ley del Punto Neutro** (Tradición Hermética Egipcia): La manifestación más poderosa ocurre desde el estado de perfecta neutralidad entre todos los opuestos. Practica el "ritual del centro inmóvil": siéntate en posición tetraédrica durante el equinoccio (punto de equilibrio cósmico), visualizando tu deseo mientras mantienes equilibrio perfecto entre inhalar/exhalar, tensar/relajar, focalizar/expandir.

7. **Ley de la Canalización Cósmica** (Textos Trismegísticos): "El adepto no crea, sino que permite que la fuerza universal fluya a través de él." Antes de cada práctica manifestadora, realiza la "apertura hermética": visualiza tu coronilla abriéndose como una flor de loto dorada, conectándose con la corriente cósmica universal, convirtiéndote en un conducto perfecto para que la realidad deseada se materialice a través de ti, no desde ti.

Capítulo 7 - Los Manuscritos Gnósticos: El Poder del Hombre sobre su Destino

La historia de la humanidad es, en gran medida, la historia de un olvido. Desde tiempos remotos, el ser humano ha recorrido el mundo con la mirada perdida, buscando en lo externo las respuestas que yacen en su interior. Ha erigido templos a divinidades lejanas, ha obedecido normas sin cuestionarlas y ha depositado su destino en manos ajenas, sin sospechar que la clave de todo siempre estuvo dentro de él. En lo más profundo de su memoria ancestral, una voz insiste en que la verdad nunca ha estado en escrituras manipuladas ni en promesas de redención dependientes de voluntades ajenas, sino en la esencia misma de su ser.

Este recordar no es simplemente rememorar, sino despertar a una realidad que trasciende el tiempo y el espacio: el Pleroma. En los escritos gnósticos, este término alude a la plenitud absoluta, la totalidad perfecta que existía antes de toda fragmentación. No se trata de un lugar, ni de una abstracción intelectual, sino del estado original de la conciencia antes de que olvidara su propia naturaleza. Es como el océano del cual cada ola es una extensión; en su movimiento, puede olvidar que sigue siendo agua, pero jamás ha dejado de serlo.

Desde esta perspectiva, el drama del ser humano no radica en una supuesta culpa original, como han sostenido las doctrinas convencionales, sino en un olvido fundamental. No fue la desobediencia lo que lo alejó de su naturaleza esencial, sino la inmersión en una realidad ilusoria que lo hizo perderse en sus propios reflejos. Esa nostalgia inexplicable, ese anhelo persistente que ningún logro mundano puede satisfacer por completo, no es más que el eco del Pleroma llamando a cada fragmento de conciencia a reconocerse nuevamente en su totalidad.

Recuperar esa conciencia no requiere ritos complejos ni intermediarios. En el Evangelio de Felipe se lee: "Quien ha alcanzado la gnosis es un ser libre. El ser libre no peca, pues quien peca es esclavo del pecado". Esta libertad no se refiere a la ausencia de normas externas, sino a la liberación del engaño de la separación, el cual es la raíz del sufrimiento humano. Cuando una gota de agua comprende que nunca ha estado separada del océano, el miedo y el deseo pierden su fundamento. ¿Cómo podría temer aquello que es inseparable de sí misma? ¿Qué podría faltarle cuando ya es todo?

Los gnósticos comprendieron y difundieron este conocimiento, pero fueron silenciados porque su enseñanza no se basaba en dogmas, sino en una transformación radical de la conciencia. No predicaban un credo, sino una revelación que cuestionaba la estructura misma del poder religioso y social.

Los manuscritos ocultos durante siglos emergieron en Nag Hammadi en 1945, trayendo consigo una visión de Jesús diferente a la que las instituciones establecidas habían promovido. No aparece como un maestro que exige obediencia ciega ni como un dios airado que impone su voluntad, sino como un guía que señala la luz interna de cada ser humano. En estos textos, el universo no es una prisión, sino un enigma que puede ser comprendido y trascendido.

Sin embargo, este acceso a la comprensión está bloqueado por lo que los gnósticos llamaban "arcontes", fuerzas que mantienen a la humanidad atrapada en la ignorancia. Algunos los describían como entidades cósmicas, pero en su nivel más profundo, representan estructuras internas de la psique que perpetúan la ilusión. Son los pensamientos, las creencias y los temores que actúan como barrotes invisibles. Se ocultan tras la voz de la razón, del deber, del sentido común, impidiendo que la mente cuestione su propia prisión. Cuando la conciencia comienza a expandirse y a desafiar las estructuras que ha dado por ciertas, estos arcontes reaccionan con miedo, duda, culpa o racionalización. "¿Quién te crees que eres?", murmuran. "Eso es peligroso", advierten. "Estás perdiendo la cordura", sentencian.

Liberarse de estas influencias no significa luchar contra ellas, sino reconocer su naturaleza ilusoria. En el Evangelio de María Magdalena, se narra cómo el alma, en su ascenso, se encuentra con distintos arcontes que intentan detenerla. No los derrota con violencia, sino que los comprende y, en ese acto, los trasciende. Del mismo modo, la mente que despierta no combate sus propias limitaciones; las observa con claridad y, al hacerlo, deja de estar sujeta a ellas.

"Si sacas lo que está dentro de ti, lo que saques te salvará. Si no sacas lo que está dentro de ti, lo que no saques te destruirá", se lee en el Evangelio de Tomás. Esta enseñanza revela un principio esencial: el destino no es algo impuesto desde fuera, sino el reflejo de lo que ocurre en la propia conciencia.

Este conocimiento no es un ejercicio intelectual ni una teoría. Comprenderlo con la mente no es lo mismo que experimentarlo. La gnosis no es una acumulación de información, sino un relámpago de comprensión directa que transforma la percepción de la realidad. Un instante basta para que lo que parecía sólido se perciba como fluido, para que lo que parecía separado se reconozca como parte de un mismo todo.

Para los gnósticos, la existencia material no era la realidad última. Veían el mundo físico como una ilusión creada por un Demiurgo, un arquitecto falible que, en su ignorancia, proclamó ser el único Dios. "Yo soy el único Dios y no hay otro fuera de mí", declara en los textos gnósticos. Pero Sofía, la personificación de la sabiduría, le responde desde lo alto: "Mientes, pues hay un padre de todo, el verdadero Dios, el que te dio forma sin que lo supieras".

Más allá del mito, esta historia encierra un significado profundo. El Demiurgo representa la mente egoica, esa parte de la conciencia que se cree el centro de todo, desconociendo su conexión con algo mayor. No es un enemigo, sino una identidad limitada que ha olvidado su origen. La liberación gnóstica no consiste en destruir el ego, sino en situarlo en su justa dimensión.

Los gnósticos comprendieron que el mundo es una construcción imperfecta, una estructura que puede ser trascendida. La verdadera liberación no viene de la obediencia ni de la fe ciega, sino del conocimiento directo. No es la sumisión, sino la conciencia despierta, lo que devuelve al ser humano su soberanía.

Esta visión se refleja en la reinterpretación gnóstica del relato del Edén. La serpiente, lejos de ser la tentadora maligna, es la portadora del conocimiento que el Demiurgo había querido ocultar. "Comed del fruto del conocimiento y seréis como dioses", dice, desvelando el secreto que los poderes establecidos han tratado de silenciar: que la chispa divina ya reside en cada ser humano.

El mayor error de la humanidad ha sido aceptar pasivamente las limitaciones impuestas desde fuera. Durante siglos se le ha dicho que su destino está predeterminado, que su salvación depende de fuerzas ajenas, que su papel es obedecer sin cuestionar. Pero los gnósticos sostenían lo contrario: que el universo es un campo de posibilidades infinitas, moldeado por la conciencia de quien lo experimenta.

Este despertar no es un proceso lento ni reservado para unos pocos. No ocurre tras años de práctica ni en algún futuro distante. Sucede en el instante en que el individuo comprende que nunca estuvo realmente encadenado.

Los gnósticos fueron perseguidos porque su mensaje era incontrolable. No necesitaban templos ni sacerdotes, porque su altar era el cosmos y su iglesia estaba dentro de cada ser humano. No predicaban la sumisión, sino la libertad. No veían al hombre como un ser caído, sino como una divinidad dormida.

Este conocimiento no pudo ser erradicado, porque la verdad, como la luz, persiste incluso cuando intentan ocultarla. Hoy, sus textos resurgen, no como reliquias del pasado, sino como recordatorios de que el ser humano no es un mero espectador del destino, sino su propio autor. No necesita ser rescatado, porque jamás estuvo perdido. Solo necesita recordar.

Leyes Secretas

1. **Ley de la Autogénesis Eónica** (Pistis Sophia): "Cada ser humano es un eón potencial capaz de crear realidades completas." Para manifestar como un eón gnóstico, crea una "semilla de

realidad" visualizando tu deseo como un punto luminoso de pura potencialidad, nutriéndolo diariamente hasta que se expanda en una esfera completa que contenga todos los detalles de tu manifestación.

2. **Ley de la Derrota de los Arcontes** (Apócrifo de Juan): Fuerzas restrictivas (arcontes) mantienen la realidad física en patrones fijos. Para liberarse de estas limitaciones, realiza el "ritual de las siete esferas": visualiza siete guardias (representando limitaciones mentales) que debes superar con "palabras pase" específicas mientras asciendes hacia tu deseo manifestado.

3. **Ley de la Chispa Recuperada** (Evangelio de Felipe): "Quien recupera su chispa divina obtiene dominio sobre la materia." Para activar esta potencia manifestadora, practica el ejercicio gnóstico del "fuego interior": visualiza una chispa brillante en tu centro cardíaco expandiéndose con cada respiración hasta llenar todo tu cuerpo con luz dorada, disolviendo toda

separación entre tu voluntad y la realidad.

4. **Ley de la Sizigia Perfecta** (Textos Valentinianos): La manifestación plena requiere la unión de polaridades opuestas dentro de la conciencia. Practica la "meditación de las mitades": visualiza tu ser dividido en aspectos masculino/femenino, luz/oscuridad, activo/receptivo, y fusiónalos conscientemente en un ser completo capaz de manifestar sin las limitaciones de la dualidad.

5. **Ley de la Pneuma Activada** (Evangelio de la Verdad): El espíritu (pneuma) cuando se activa completamente tiene dominio absoluto sobre la materia (hylé). Para activarla, utiliza la respiración gnóstica: inhala visualizando luz pura entrando por tu coronilla, retenla visualizándola transformando tu cuerpo en luz, exhala dirigiéndola hacia la manifestación deseada.

6. **Ley del Nombre Secreto** (Libro del Gran Espíritu Invisible): Cada alma posee un nombre verdadero que, al

recordarlo, activa su poder manifestador original. Para recuperarlo, practica la "anamnesis nomina": en estado meditativo profundo, pregunta siete veces "¿Cuál es mi nombre verdadero?", permitiendo que emerja espontáneamente un sonido que utilizarás como mantra personal de poder.

7. **Ley del Abrazo del Abismo** (Evangelio de Judas): Solo quien acepta completamente el Vacío puede llenarlo con su intención. Practica el ritual gnóstico de "kénosis-pléroma": visualízate vaciándote completamente de identidad, memoria y deseo hasta convertirte en puro espacio receptivo, para luego llenar deliberadamente ese vacío con la semilla vibratoria de tu manifestación deseada.

Capítulo 8 - Las Enseñanzas Perdidas de Jesús

Entre todos los nombres de la historia, pocos han sido manipulados con tanta insistencia como el de Jesús. Su figura fue utilizada para justificar estructuras de poder que él jamás habría imaginado, convirtiéndolo en un símbolo de obediencia cuando su mensaje real era el de la liberación. Lo más valioso de su enseñanza no era un dogma ni una promesa futura, sino el conocimiento de una realidad oculta a simple vista: la capacidad del ser humano de transformar su percepción y, con ello, la propia realidad.

Lo que se ha ocultado con mayor empeño no son las palabras de Jesús, sino la comprensión profunda de los principios que él aplicaba. Lo que la tradición llamó milagros no eran excepciones a las leyes naturales, sino expresiones de un conocimiento preciso sobre el funcionamiento del universo. La sanación no era un acto arbitrario, sino la manifestación de un orden que él sabía reconocer y activar. En el Evangelio de Felipe se dice que "la verdad no vino desnuda al mundo, sino en símbolos e imágenes", y del mismo modo, el conocimiento sobre estas leyes nunca fue transmitido de manera explícita, sino envuelto en parábolas para protegerlo de quienes podrían malinterpretarlo o usarlo con fines ajenos a su propósito.

Cuando Jesús sanaba, no imponía una nueva condición sobre el enfermo, sino que lo veía desde una perspectiva donde la enfermedad ya no existía. Su visión de la perfección del otro era tan absoluta que el cuerpo respondía a ella. No era una cuestión de fuerza, sino de claridad. No luchaba contra la enfermedad, sino que sostenía una certeza inquebrantable sobre la salud intrínseca del ser. Este conocimiento se relaciona con lo que hoy podríamos llamar campos de información, patrones energéticos que determinan la forma en que la materia se organiza. Jesús no "creaba" sanación; simplemente recordaba al cuerpo su diseño original, estableciendo una resonancia que permitía que la materia se reconfigurara.

Por eso insistía tanto en la fe como requisito para la sanación. No se trataba de una creencia ciega, sino de la capacidad de percibir más allá de las apariencias. "Tu fe te ha sanado", decía, porque ver más allá de la apariencia permitía que la mente y el cuerpo se alinearan con la verdad más profunda de su ser.

Jesús no era excepcional por haber sido divinizado, sino porque comprendía algo que la humanidad ha olvidado: la realidad no es fija, sino un reflejo de la conciencia. No enseñaba a esperar la intervención de un poder externo, sino a descubrir el poder que cada ser humano lleva dentro. Su mensaje no hablaba de una divinidad distante, sino de la presencia viva del espíritu en cada uno.

Uno de los aspectos más deliberadamente suprimidos de su enseñanza es lo que en los evangelios gnósticos se conoce como el "matrimonio sagrado", una integración de fuerzas complementarias dentro de la conciencia. Esta idea, presente en textos como el Evangelio de Felipe y el Evangelio de María Magdalena, no se refería a una unión física, sino a la armonización de dos principios fundamentales: el masculino y el femenino, entendidos no como categorías de género, sino como fuerzas esenciales. El masculino simboliza la dirección, la intención, la luz; el femenino representa la receptividad, la intuición, la matriz de la creación. La separación de estos principios ha fragmentado la conciencia humana, generando desequilibrios en todos los ámbitos de la vida.

Jesús hablaba de esta unión interna como un requisito para la verdadera transformación. "Cuando hagáis del masculino y el femenino un solo ser, entonces entraréis en el Reino", dice en el Evangelio de Tomás. No se trata de adquirir algo externo, sino de recordar la totalidad que ya existe. Esta integración no es un acto de voluntad, sino un reconocimiento de la unidad esencial de la existencia.

El vínculo entre Jesús y María Magdalena parece haber sido una manifestación de este principio. No solo como relación personal, sino como demostración viva de la armonía entre estas fuerzas. La degradación sistemática de la figura de María Magdalena en la tradición posterior sugiere que su presencia representaba un desafío para quienes deseaban consolidar estructuras de poder jerárquicas. Su figura encarnaba el aspecto femenino del conocimiento, aquel que fue relegado para mantener la visión de un mundo gobernado por la separación y la autoridad externa.

En este mismo sentido, la manifestación consciente requiere la cooperación de ambos principios: la voluntad clara (masculina) y la receptividad intuitiva (femenina). Uno sin el otro es incompleto. La intención sin apertura es solo una imposición; la receptividad sin dirección es potencial sin expresión. Cuando ambos se equilibran, la creación se vuelve natural e inevitable.

Este conocimiento, al ser comprendido, hace innecesarios los intermediarios. Y por eso fue ocultado.

Jesús hablaba de un reino que no estaba en un lugar lejano ni en una promesa futura. "El reino de Dios está dentro de vosotros y fuera de vosotros", dice en el Evangelio de Tomás. No se trata de un destino, sino de un estado de conciencia, de la capacidad de ver lo que ha estado velado.

Pero, ¿de dónde obtuvo Jesús este conocimiento? Los evangelios tradicionales guardan silencio sobre los años formativos de su vida. Sin embargo, diversas tradiciones esotéricas sugieren que viajó a lugares donde el conocimiento sobre la naturaleza de la conciencia era enseñado con claridad. Se habla de su paso por los monasterios esenios, donde pudo estudiar los principios de la pureza y la profecía. En Egipto, habría sido iniciado en los misterios de la alquimia espiritual. En Persia, habría aprendido sobre la dualidad y el libre albedrío. Y en la India y el Tíbet, es posible que entrara en contacto con la enseñanza directa de la conciencia sin forma, la naturaleza ilusoria del yo y las prácticas de transformación energética.

Más allá de la geografía, lo que importa es la universalidad de su mensaje. Jesús no vino a fundar una religión; su enseñanza no pertenecía a un solo pueblo ni a una tradición particular. Lo que transmitió es reconocible en todas las escuelas de sabiduría genuina: la realidad es una construcción de la mente, y su transformación es posible en el momento en que dejamos de verla como algo externo a nosotros.

La enseñanza más tergiversada de todas es la de la resurrección. Lejos de ser un evento físico aislado, era una demostración del principio de transformación interior. "A menos que mueras, no vivirás", dice en el Evangelio de Felipe. No se trata de la muerte biológica, sino de la disolución de la identidad falsa, de las creencias limitantes que atan al individuo a una realidad condicionada. La resurrección no es un fenómeno post mortem, sino un despertar que puede ocurrir aquí y ahora.

Jesús hablaba en parábolas no para ocultar la verdad, sino porque sabía que el conocimiento real no puede ser transmitido directamente. Solo quien está listo lo comprende. "A vosotros os es dado conocer los misterios del reino, pero a ellos no", dice en Mateo. No como una exclusión, sino como una simple realidad: no todos están preparados para ver más allá de las apariencias.

Pero las parábolas no eran solo historias. Eran herramientas diseñadas para cambiar la percepción, patrones que actuaban sobre la mente de manera profunda. No eran simples enseñanzas morales, sino llaves que abrían puertas dentro de la psique.

Jesús no predicó la sumisión ni la culpa. Su mensaje era el de la maestría. "Vosotros sois dioses", dice en Juan 10:34. Estas palabras fueron minimizadas porque implicaban una verdad demasiado poderosa: la divinidad no es algo externo, sino la esencia de cada ser humano. La separación entre Jesús y la humanidad fue impuesta para reforzar un sistema de control. Pero su enseñanza nunca fue sobre esperar la salvación, sino sobre descubrir la verdad aquí y ahora.

Esa verdad, como él mismo dijo, es la que libera. No como un concepto, sino como una experiencia directa. Cuando se ve con claridad, se comprende que nunca ha faltado nada, que la búsqueda misma ha sido la distracción. Y en ese instante de reconocimiento, toda la ilusión se disuelve. No hay nada que alcanzar. Siempre hemos sido lo que buscamos.

Leyes Secretas

1. **Ley de la Oración Eficaz** (Mateo 6:6): "Cuando ores, entra en tu habitación secreta." La manifestación requiere intimidad con la fuente creadora. Crea un espacio físico dedicado exclusivamente a tus prácticas manifestadoras, purificándolo con incienso de olíbano (usado en templos antiguos) y accede a él solo después de lavarte ritualmente manos y rostro.

2. **Ley de la Fe Cuántica** (Marcos 9:23): "Al que cree, todo le es posible." La fe manifestadora opera en el campo cuántico donde todas las posibilidades existen simultáneamente hasta el colapso por observación. Practica la "visión de posibilidades": visualiza múltiples versiones de tu manifestación existiendo en universos paralelos, y luego colapsa deliberadamente la onda hacia tu versión preferida.

3. **Ley del Desplazamiento del Monte** (Mateo 17:20): "Si tuvierais fe como un grano de mostaza, diríais a este monte: Pásate de aquí allá, y se pasaría." Identifica el "monte" (obstáculo principal) para tu manifestación y realiza el ritual de "transposición": coloca una piedra representando tu obstáculo frente a ti, y con absoluta autoridad interna, ordénale que se mueva mientras la desplazas físicamente, alineando acción externa con certeza interna.

4. **Ley del Punto de Transfiguración** (Lucas 9:28-29): Jesús se transfiguraba en la montaña para comunicarse con realidades superiores. Para manifestar, busca tu "monte elevado" (un punto físico con energía elevada) y practica allí la "postura transfigurativa": de pie con brazos extendidos formando una cruz, rostro hacia el sol, visualizando tu cuerpo transformándose en luz pura mientras declaras tu intención.

5. **Ley del Reino Presente** (Lucas 17:21): "El Reino de Dios está entre vosotros." La realidad perfecta ya existe

superpuesta a la actual. Practica la "visión del reino": durante 40 días, dedica 15 minutos cada mañana a percibir tu entorno como si ya fuera el "reino perfecto", notando cada detalle con absoluta gratitud, hasta que esta percepción comience a manifestarse físicamente.

6. **Ley de la Comunión Manifestadora** (Juan 6:53-56): "El que come mi carne y bebe mi sangre, en mí permanece." Para materializar tu intención, "aliméntate" literalmente de ella: escribe tu deseo en tinta comestible sobre pan ázimo (sin levadura) y cómelo conscientemente en ayunas, visualizando cómo se integra celularmente en tu ser hasta que se vuelve parte inseparable de ti.

7. **Ley de la Autoridad Nominal** (Juan 14:13): "Todo lo que pidiereis en mi nombre, lo haré." Según manuscritos esenios, Jesús enseñaba que cada persona posee un "nombre de poder" derivado de su misión espiritual. Descubre el tuyo meditando sobre tu propósito más elevado, cristalízalo en

una palabra-vibración personal, y precede todas tus declaraciones de manifestación con este nombre-autoridad.

Capítulo 9 - Las Enseñanzas Secretas del Budismo y el Hinduismo

Un pez que habita en las profundidades del océano nunca se pregunta por el agua que lo rodea. Un soñador no se da cuenta de su sueño hasta que despierta. Así es la existencia: una trama tan envolvente que rara vez se cuestiona. Sin embargo, los sabios de Oriente, exploradores de lo que se oculta tras las apariencias, descubrieron un principio que disuelve la solidez de la realidad: el mundo no es una estructura fija, sino el reflejo de la mente. Quien comprende su mente, comprende la esencia del universo.

Este dominio no surge de la imposición ni de la fuerza de voluntad sobre el entorno. Es el resultado de una inmersión cada vez más profunda en los distintos estados de conciencia, aquellos que moldean la percepción y, con ella, la experiencia. Los textos yóguicos más antiguos describen con precisión los tres niveles de concentración mental que preceden a cualquier manifestación consciente: Dharana, Dhyana y Samadhi.

Dharana, el primer estado, es la concentración enfocada en un solo punto. Imagina un rayo de sol disperso; si se canaliza a través de una lupa, adquiere el poder de encender fuego. Lo mismo ocurre con la mente. En su estado habitual, está fragmentada en pensamientos, deseos y preocupaciones, sin la fuerza suficiente para influir en la realidad. Pero cuando esa energía se dirige hacia un único objeto—una imagen, una sensación o una idea clara—, se convierte en un campo de resonancia. Aunque la distracción todavía aparece, la mente vuelve una y otra vez a su foco, como un navegante que reajusta su rumbo en alta mar.

Al profundizar en Dharana, se accede a Dhyana, la meditación en su estado puro. Aquí, la atención ya no se fuerza a mantenerse en un objeto; simplemente fluye hacia él sin interrupciones, como un río que avanza sin esfuerzo hacia el océano. La distancia entre quien observa y lo observado comienza a desaparecer. En este estado, la intención sostenida en la mente actúa como un imán, atrayendo las condiciones necesarias para su manifestación.

El punto culminante es Samadhi, el instante en que la separación se disuelve por completo. No hay un sujeto que contempla ni un objeto de observación; solo la experiencia pura. Aquí, la mente no proyecta la realidad como algo ajeno a ella, sino que se reconoce a sí misma como la esencia de todo lo existente. No hay distancia entre el deseo y su materialización; la manifestación no es un esfuerzo, sino la expresión natural de este estado de unidad.

Estos no son estados psicológicos subjetivos, sino campos vibratorios con una potencia capaz de reordenar la materia misma. Lo que llamamos "realidad física" no es más que energía en diferentes grados de vibración. La física cuántica apenas comienza a redescubrir lo que estos sabios ya sabían por experiencia directa: el observador y lo observado no están separados, y la conciencia actúa como una fuerza creativa en la formación del mundo que percibimos.

A lo largo de la historia, monjes y yoguis han transmitido este conocimiento en forma de parábolas y prácticas resguardadas de quienes aún no estaban preparados para comprenderlo. No por secretismo, sino porque el poder de la creación consciente no puede ser entregado a una mente que aún está atrapada en el ego. Antes de acceder a estas enseñanzas, se debía desarrollar Viveka, el discernimiento, una habilidad esencial para diferenciar entre la sabiduría genuina y las proyecciones ilusorias del pensamiento.

Sin esta claridad, un buscador puede confundir sus propios deseos o temores con intuiciones auténticas. Como un investigador que sin querer deja sus huellas en la escena del crimen, contaminando la evidencia, la mente no entrenada distorsiona la percepción de la realidad. Por ello, los textos antiguos advierten del peligro de la ilusión: en el Katha Upanishad, se compara el sendero de la verdad con el filo de una navaja. Buda advertía que incluso experiencias místicas aparentemente profundas pueden ser trampas del ego, diseñadas para reforzar la sensación de separación.

El discernimiento se cultiva a través de prácticas como el autoexamen constante (atma vichara), la observación desapegada de los pensamientos (vipassana) y la guía de un maestro realizado. Solo cuando esta facultad está suficientemente desarrollada, se puede acceder al poder creador de la mente sin caer en ilusiones.

Los antiguos textos védicos expresan esta verdad en una afirmación directa: "Tat tvam asi" (Tú eres eso). No hay frontera real entre el individuo y el universo. La misma energía que da forma a los astros habita en cada ser humano. Pero este conocimiento ha sido enterrado bajo capas de dogma y reducido a rituales vacíos. Se nos ha enseñado a verlo como una idea filosófica, cuando en realidad es la llave para ejercer una transformación consciente sobre la existencia.

Esta idea resuena con la enseñanza budista de Sunyata, malinterpretada como "vacuidad" cuando en realidad se refiere a la ausencia de límites intrínsecos. No es la negación de la existencia, sino el campo infinito de posibilidades donde toda manifestación es posible. Nada existe de manera independiente; todo surge en relación con todo lo demás. Y si nada tiene una naturaleza fija, entonces todo es moldeable.

Esta comprensión no es una simple teoría, sino una herramienta práctica. Cuando la mente se vacía de interpretaciones, se abre un espacio donde emergen nuevas posibilidades. No es un estado de inconsciencia, sino de lucidez extrema. La realidad, percibida antes como un bloque sólido, se revela como lo que siempre fue: un campo de potencialidad infinita en constante respuesta a la conciencia que lo observa.

Los yoguis hablaron de los siddhis, capacidades extraordinarias como la clarividencia, la levitación o la materialización. Para el pensamiento moderno, estos relatos parecen fábulas. Pero en las tradiciones orientales, estas habilidades no eran "milagros", sino manifestaciones naturales de las leyes de la mente sobre la materia. Sin embargo, los siddhis nunca fueron el propósito del camino espiritual.

Se manifestaban como efectos secundarios, no como logros a perseguir.

Patanjali advirtió que buscar estos poderes podía convertirse en una distracción. Son como paisajes hermosos en el sendero hacia la cima de una montaña: fascinantes, pero irrelevantes para quien comprende el destino real del viaje. Los maestros que han trascendido la identificación con el ego los utilizan cuando es necesario, pero sin atribuirles importancia. Para ellos, no son más extraordinarios que escribir o caminar. Son el resultado natural de una conciencia que ha recordado su verdadera naturaleza.

Este conocimiento ha sido suprimido intencionalmente. No porque sea inaccesible, sino porque desafía las estructuras de poder que sostienen la idea de que el individuo es débil frente a un destino inamovible. Quien entiende que su conciencia moldea la realidad deja de ser controlado por el miedo. Ya no necesita de intermediarios, ni de dogmas, ni de autoridades que le indiquen qué es posible y qué no.

La realidad es el reflejo de la mente. La pregunta no es si se puede transformar, sino por qué se nos ha condicionado a creer que no es posible. Desde la infancia, se nos ha enseñado que el mundo es rígido e independiente de nosotros. Pero esa es la gran ilusión. La verdadera prisión no está fuera, sino en la creencia de que no tenemos el poder de cambiarla.

La clave no está en adquirir algo nuevo, sino en recordar lo que siempre hemos sido. En cada momento, en cada pensamiento, estamos creando nuestra experiencia. La única pregunta es si lo hacemos desde la inconsciencia o desde la plena conciencia. En el instante en que recordamos esto, todo cambia. Porque lo que llamamos "mundo exterior" nunca fue ajeno a nosotros. Siempre ha sido y siempre será un reflejo de nuestra propia mente.

Leyes Secretas

1. **Ley de Chitta Vritti** (Patanjali): "Cuando cesan las fluctuaciones mentales, el observador se establece en su naturaleza esencial." Para manifestar con precisión, practica el "nirodha-sankalpam": durante 7 días, reduce

gradualmente todo pensamiento hasta alcanzar un estado de quietud mental perfecta por al menos 4 minutos, y solo entonces introduce la semilla de tu intención en ese campo quieto.

2. **Ley del Prana Dirigido** (Upanishads): La energía vital puede ser conscientemente dirigida para materializar intenciones. Practica el "pranayama manifestador": inhala contando hasta 4, retén contando hasta 16 mientras visualizas tu deseo, exhala contando hasta 8 dirigiendo conscientemente el prana hacia la materialización de tu intención.

3. **Ley de Sankalpa Shakti** (Yoga Vasistha): "El poder de la resolución inquebrantable materializa lo imposible." Justo antes de dormir y al despertar (estados hipnagógico/hipnopómpico donde las barreras subconscientes están reducidas), repite mentalmente tu sankalpa formulado en presente, en primera persona, positivamente, con absoluta certeza emocional.

4. **Ley de Maya Consciente** (Advaita Vedanta): "La ilusión reconocida puede ser deliberadamente reprogramada." Practica el ejercicio vedántico "neti-neti-iti": primero deconstruye cada limitación identificándola como "no soy esto, no soy aquello" (neti-neti), luego reconstruye conscientemente afirmando "soy esto" (iti) en relación a tu manifestación deseada.

5. **Ley del Yantra Interior** (Tantra): Los patrones geométricos sagrados funcionan como "máquinas manifestadoras" cuando se visualizan correctamente. Estudia la estructura de un Sri Yantra tradicional y visualízalo perfecto dentro de tu tercer ojo durante 11 minutos, colocando la semilla de tu intención en el bindu central (punto) y permitiendo que los triángulos entrelazados procesen y amplifiquen tu manifestación.

6. **Ley del Karma Consciente** (Bhagavad Gita): "Actúa sin apego a los frutos de la acción." Implementa el "karma yoga manifestador": después de establecer

claramente tu intención, realiza acciones diarias alineadas con ella pero sin expectativas inmediatas, creando un canal kármico limpio por donde pueda fluir tu manifestación sin resistencia de ansiedad o duda.

7. **Ley de los Siddhis Naturales** (Yoga Sutras 3:16-36): Capacidades manifestadoras extraordinarias emergen naturalmente con la mente purificada. Practica la técnica de "samyama": fija tu atención total (dharana) en la cualidad esencial de tu deseo hasta fundirte con ella (dhyana), experimentando completa absorción (samadhi) donde se disuelve la barrera entre observador y observado.

Capítulo 10 - Los Grimorios de la Edad Media

Durante la Edad Media, los grimorios no fueron meros registros de supersticiones o fórmulas rituales para convocar lo desconocido. Eran más que libros: eran mapas que ofrecían a sus lectores el conocimiento sobre la capacidad de la mente para moldear el mundo. No se trataba de magia en el sentido infantil con el que se le suele asociar, sino de una tecnología de la conciencia, un sistema para modificar la realidad a través del pensamiento, la voluntad y la palabra.

Un error persistente ha sido interpretar estos textos de manera literal, como si sus descripciones de ángeles, demonios y espíritus elementales aludieran a entidades externas con existencia propia. Sin embargo, quienes profundizaban en su estudio comprendían que estas figuras eran representaciones de estados de conciencia, manifestaciones simbólicas de energías psíquicas con las que el ser humano puede sintonizar.

Cuando el *Grimorio de Armadel* menciona a Miguel como "príncipe de la luz celestial", no alude únicamente a un ser alado con espada de fuego, sino a un estado elevado de percepción y claridad. De la misma forma, las detalladas descripciones de entidades demoníacas en el *Lemegeton* no son meras fábulas oscuras, sino una clasificación de emociones y bloqueos internos que interfieren con la manifestación plena. Los atributos físicos de estas entidades—cabezas de animales, alas membranosas, ojos resplandecientes—no eran detalles caprichosos, sino códigos visuales que ayudaban a identificar la naturaleza vibratoria de cada estado mental.

Esta perspectiva no excluye la posibilidad de que existan inteligencias más allá de lo humano. Sin embargo, lo esencial para la práctica es comprender que, sean lo que sean, estas "entidades" actúan como umbrales hacia distintos niveles de conciencia. No son invocadas en el sentido de traerlas desde un lugar externo, sino que se despiertan dentro de la mente del practicante, activando ciertos potenciales de percepción y transformación.

El *Arbatel de Magia*, uno de los grimorios más refinados, lo expresa con claridad: estas presencias emergen "desde uno mismo", y su poder está determinado por la conexión que logran establecer con la mente del operador. No poseen fuerza propia, sino que sirven como catalizadores que permiten acceder a capacidades dormidas. En este contexto, la invocación no es una petición a seres externos, sino un acto de alineación interna con frecuencias específicas de conciencia.

Aislados en monasterios o escondidos en bibliotecas bajo llave, estos textos eran más que meras listas de conjuros: eran guías sobre la relación entre el pensamiento y la materia. Sus invocaciones, símbolos y fórmulas cifradas contenían claves para la manifestación consciente, aunque su lenguaje enrevesado y su imaginería simbólica hacían que solo aquellos con la preparación adecuada pudieran descifrar su significado real.

Uno de los principios más fascinantes que estos textos transmiten es que la manifestación no depende solo de la intención, sino también del momento en que se lleva a cabo. La magia no es simplemente saber qué hacer, sino entender cuándo hacerlo. Este conocimiento, detallado en obras como el *Picatrix* o el *Libro de las Horas*, no era superstición, sino un reconocimiento de que el tiempo tiene patrones, ritmos y aperturas que pueden facilitar o dificultar la materialización de un propósito.

Los grimorios medievales enseñaban que existen momentos en los que ciertas energías son más accesibles. Como un navegante que usa las corrientes marinas para avanzar con menos esfuerzo, el practicante podía aprovechar estas "puertas temporales" para reducir la resistencia en sus manifestaciones. Las instrucciones sobre horas planetarias, fases lunares y alineaciones astrológicas no eran imposiciones arbitrarias, sino guías para identificar esos momentos de alineación óptima.

Desde la perspectiva actual, descubrimientos sobre ritmos biológicos, fluctuaciones del campo magnético terrestre y ciclos cósmicos parecen dar sustento científico a lo que estos textos afirmaban: el tiempo no es uniforme, sino un entramado con momentos de apertura y contracción. Comprender su flujo permite actuar con precisión, sincronizando la intención con las fuerzas sutiles que estructuran la realidad.

Uno de los grimorios más influyentes, el *Picatrix*, expone con claridad que la magia no es fantasía, sino un mecanismo natural del universo. Este tratado, nacido en la tradición árabe y traducido al latín, revela que la manifestación ocurre cuando la mente humana logra armonizarse con las fuerzas invisibles que rigen la existencia. En sus páginas se describe cómo los astros no son cuerpos aislados en el cielo, sino partes de un organismo mayor que incluye la conciencia humana.

Obras como la *Clavícula de Salomón* o el *Libro de Abramelin* mencionan ángeles y demonios no como figuras externas que dictan el destino de los hombres, sino como fuerzas que pueden ser dirigidas con la palabra adecuada. En esta visión del mundo, el universo es una mente viviente y los nombres sagrados son vibraciones que modifican su estructura.

Pocos conceptos han sido tan malinterpretados como el de los pactos con entidades. La imagen popular del mago vendiendo su alma a cambio de poder es una distorsión de un principio mucho más profundo. Los "pactos" descritos en textos como el *Gran Grimorio* no eran tratos con seres externos, sino compromisos de la mente consciente con la voluntad superior del propio practicante.

El "contrato" que se establecía no era con fuerzas demoníacas, sino con la propia intención elevada del individuo. Se trataba de un compromiso formal con su propósito, un anclaje que alineaba su energía con un objetivo específico. El simbolismo de "firmar con sangre" aludía a la seriedad del compromiso, a la necesidad de unir pensamiento, emoción y acción para sostener la manifestación deseada.

Los alquimistas medievales comprendían esta dinámica. Sabían que la transmutación del plomo en oro no era una simple operación química, sino una metáfora del desarrollo del ser humano. Así como un metal burdo podía ser refinado hasta alcanzar su máxima pureza, la mente podía ser elevada hasta un estado en el que la manifestación se volvía algo natural.

Los grimorios también detallaban con precisión la estructura energética de los rituales. Más allá de las herramientas visibles—velas, sigilos, círculos trazados—, cada operación generaba configuraciones vibracionales en el entorno. Estas estructuras invisibles actuaban como matrices que canalizaban la energía desde niveles sutiles hasta el plano físico.

Los círculos protectores, por ejemplo, no eran solo barreras contra "entidades hostiles", sino espacios de resonancia donde la conciencia podía operar sin interferencias. Los mantras, salmodias y palabras de poder generaban vibraciones específicas que estructuraban el campo energético. Los talismanes no eran simples objetos cargados de "fuerza mágica", sino condensadores de intención, diseñados para estabilizar frecuencias concretas en la materia.

Las listas de entidades demoníacas en textos como la *Goecia* no eran meras enumeraciones de horrores, sino mapas de las sombras internas del ser humano. Cada nombre y cada sello representaban patrones de pensamiento limitantes que, cuando no se reconocen, operan en la psique como fuerzas autónomas.

El verdadero propósito de estos textos no era el sometimiento de entidades externas, sino la integración consciente de los aspectos reprimidos de la mente. La confrontación con estos "demonios" simbolizaba el proceso de hacer consciente lo inconsciente, recuperando así el poder que de otro modo permanecería fragmentado y fuera de control.

Por esta razón, los grimorios fueron perseguidos y censurados. No porque fueran meras supersticiones, sino porque transmitían un conocimiento que otorgaba autonomía al individuo. Un ser que comprende su capacidad de crear su propia realidad deja de ser un engranaje en un sistema impuesto.

Estos textos no solo narran mitos de un pasado olvidado. Siguen vigentes porque describen principios universales: la conciencia humana es capaz de dar forma a la realidad. Y cuando esa capacidad es comprendida y dirigida con certeza, todo límite se desvanece.

Leyes Secretas

1. **Ley del Círculo de Protección**
(Lemegeton): "La manifestación efectiva requiere un espacio donde las influencias externas sean filtradas." Antes de cualquier trabajo de manifestación, crea un círculo físico usando sal marina (preferiblemente) y visualiza una esfera perfecta de luz azul-violeta rodeándote, estableciendo un "campo de resonancia pura" donde tu

intención puede amplificarse sin interferencias.

2. **Ley de las Horas Talismánicas** (Liber Lunae): Ciertos momentos amplifican exponencialmente el poder manifestador cuando se alinean múltiples ciclos. Para manifestaciones financieras, realiza tu ritual exactamente 8 minutos después de que Júpiter alcance su punto más alto en el cielo (calculable con aplicaciones astronómicas), idealmente en la primera hora después del amanecer de un jueves durante luna creciente.

3. **Ley de los Nombres Angélicos** (Almadel): Las inteligencias celestiales responden a secuencias vibracionales específicas. Investiga el ángel correspondiente a tu manifestación (ej. Sachiel para prosperidad), y recita su nombre completo 9 veces seguido de la intención específica, mientras trazas su sello personal con tu dedo índice sobre aceite de oliva que luego utilizarás para ungir tu frente.

4. **Ley del Sello Personal** (Arte Paulina): Cada manifestación debe ser codificada

en un símbolo único que concentre su esencia. Crea un sigilo personal mediante el "método de Austin Osman Spare": escribe tu intención, elimina letras repetidas, combina las restantes en un símbolo abstracto, y actívalo fijando tu mirada en él mientras te llevas al borde del agotamiento físico (ejercicio intenso) o éxtasis (meditación profunda).

5. **Ley de los Pactos Elementales** (Grimorio de Armadel): Los elementos físicos pueden ser programados para trabajar a favor de tu manifestación. Realiza el "cuádruple pacto": coloca representaciones de los cuatro elementos (incienso, vela, agua salada, cristal) en los puntos cardinales correspondientes, declara específicamente qué aspecto de tu manifestación administrará cada elemento, y sella el pacto añadiendo una gota de tu saliva a cada uno.

6. **Ley de la Evocación Efectiva** (Grimorium Verum): Las fuerzas manifestadoras responden a llamados precisos y autorizados. Practica el "triángulo de manifestación": dibuja un

triángulo perfecto orientado al este, coloca dentro un espejo pequeño sobre el que has escrito tu intención con tinta roja, y declara tres veces con voz de mando absoluta: "Por mi voluntad alineada con la divina, decreto que esto se manifieste ahora."

7. **Ley de los Perfumes Manifestadores** (Picatrix): Ciertos aromas crean puentes vibracionales entre planos de existencia. Crea una mezcla específica según la correspondencia planetaria de tu intención (ej. canela, clavo y benjuí para manifestaciones solares de éxito y reconocimiento), quémala durante la hora planetaria correspondiente mientras visualizas el humo transportando tu intención hacia el plano donde será materializada.

Capítulo 11 - Física Cuántica, Conciencia y Realidad

La humanidad rara vez examina la esencia de la realidad. Nos aferramos a la idea de un mundo concreto, regido por leyes fijas, donde el tiempo fluye de manera lineal y el espacio se mantiene estable. Pero en los niveles más profundos de la investigación científica, comienza a emerger una verdad que muchas tradiciones ya intuían: la realidad no es más que una proyección que responde a la conciencia que la contempla.

Desde que el experimento de la doble rendija desafió las bases de la física clásica, los investigadores han tratado de descifrar un enigma que parece burlarse de la lógica convencional: las partículas pueden manifestarse como ondas o como unidades discretas dependiendo de la presencia de un observador. En el momento en que alguien dirige su atención, la incertidumbre colapsa en una definición concreta. Este hecho, lejos de ser una simple curiosidad experimental, revela que la conciencia es un factor que influye en la estructura misma de la existencia.

Esto no es una mera teoría especulativa ni un ejercicio de interpretación subjetiva. Se trata de una demostración de que la observación consciente influye en la manifestación de la realidad. Lo que durante siglos se consideró un conocimiento esotérico, lo que los antiguos plasmaron en símbolos y mitos, lo que se transmitió en susurros a través de generaciones, ahora encuentra eco en los laboratorios científicos más avanzados.

Y lo más desconcertante es que no se trata solo de un fenómeno microscópico. Esta influencia de la conciencia sobre la materia se extiende a todos los niveles, replicándose en escalas mayores. La realidad que experimentas en cada instante es el reflejo de un campo de posibilidades donde tus pensamientos y creencias desempeñan un papel fundamental. La mente no solo observa la realidad; la moldea.

Aquello que la ciencia ha llamado "vacío" es, en realidad, un océano de potencialidades, un campo vibrante que responde a las estructuras mentales que lo moldean. En este campo, la intención no se disipa como una idea fugaz, sino que deja huellas que terminan por plasmarse en la materia. Rupert Sheldrake lo definió como "campos morfogenéticos": patrones invisibles que influyen en la organización de la vida y, posiblemente, de la realidad misma.

Estos patrones no son simples metáforas. Funcionan como estructuras energéticas que almacenan información y se refuerzan con el tiempo. Cuando una intención se sostiene con claridad y persistencia, se genera un molde en el campo cuántico que comienza a atraer circunstancias y eventos afines. Como una piedra lanzada a un estanque, cada pensamiento produce ondas que afectan la totalidad del agua. Los pensamientos recurrentes, como piedras que caen siempre en el mismo punto, generan patrones de ondas cada vez más definidos, estableciendo flujos que terminan dirigiendo la corriente completa del estanque.

Las investigaciones más audaces en este campo sugieren que incluso el ADN podría ser influenciado por estas estructuras vibracionales.

Experimentos como los de Peter Gariaev indican que la información genética no es un código inmutable, sino un sistema dinámico que responde a frecuencias específicas, incluidas las generadas por la mente enfocada. Si esto es cierto, significa que no solo tenemos la capacidad de transformar la realidad exterior, sino también nuestra propia biología.

Lo más asombroso es que estos patrones no parecen estar sujetos a las limitaciones del espacio y el tiempo. Una vez establecidos, pueden influir a grandes distancias, lo que podría explicar por qué ciertas ideas emergen simultáneamente en distintos lugares sin una conexión aparente. La naturaleza misma ofrece ejemplos de este principio: cuando un grupo de primates en una isla aprende un nuevo comportamiento, monos de la misma especie en otras islas comienzan a repetirlo sin haber tenido contacto directo.

Cada vez que una intención es mantenida con claridad y firmeza, se fortalece este entramado vibracional. Lo esencial no es la intensidad momentánea, sino la consistencia de la frecuencia. De ahí que la fe inquebrantable tenga un efecto tan poderoso: es la expresión de una coherencia vibratoria sostenida que no permite la interferencia de la duda.

El futuro modifica el presente. Si el experimento de la doble rendija alteró nuestra comprensión sobre la materia, los estudios de Wheeler sobre la elección retardada derrumbaron las nociones tradicionales del tiempo. Estos experimentos sugieren una posibilidad que desafía toda lógica lineal: lo que decidimos observar ahora puede modificar lo que ya ocurrió. Es como si el futuro pudiera extender su influencia sobre el pasado, cerrando el círculo de la causalidad.

Este fenómeno, conocido como retrocausalidad, ha sido documentado en múltiples estudios, incluido el "borrador cuántico", donde la decisión de registrar o eliminar información sobre una partícula afecta su comportamiento en el pasado. En este modelo, el universo no es una secuencia fija de acontecimientos, sino un entramado donde el tiempo es maleable y las líneas causales pueden ser alteradas.

¿Qué significa esto para quienes buscan manifestar conscientemente su realidad? Que el "yo del futuro" que ya ha alcanzado lo deseado puede estar influyendo en el presente para guiar las decisiones necesarias que conducirán a ese resultado. Cuando visualizas con intensidad un escenario deseado, no estás simplemente proyectando un futuro posible: estás estableciendo un vínculo con una realidad que, en un nivel cuántico, ya existe.

Los estados de conciencia alterados en los que la percepción del tiempo se diluye no son meras experiencias subjetivas, sino vislumbres de la estructura real del universo. En esos momentos, el pasado y el futuro dejan de ser compartimentos separados y se revelan como facetas de una misma totalidad.

Esta comprensión permite entender por qué las técnicas de visualización funcionan con mayor eficacia cuando se practican desde un estado de certeza total. No se trata de crear algo desde la nada, sino de alinearse con una realidad ya existente dentro del campo de posibilidades. Es por eso que la sensación de "como si ya lo tuvieras" es mucho más que una estrategia psicológica; es un reconocimiento intuitivo de la retrocausalidad en acción.

Las llamadas "coincidencias significativas" no son simples juegos del azar. Son efectos cuánticos en los que el futuro y el presente se sincronizan, reorganizando los eventos de manera coherente con la línea de tiempo elegida. No es que el destino esté escrito, sino que la conciencia lo va esculpiendo a medida que avanza.

El universo no es una entidad rígida e indiferente, sino un sistema dinámico que responde a la intención. Cada pensamiento sostenido, cada emoción arraigada, cada expectativa constante actúa como una vibración que da forma a la experiencia. La verdadera pregunta ya no es qué es real, sino qué estás eligiendo hacer real con cada instante de tu conciencia.

Leyes Secretas

1. **Ley del Observador Participante** (Experimentos de Wheeler): El acto de observación determina la naturaleza de lo observado a nivel cuántico. Para manifestar, practica el "colapso consciente de la función de onda": visualiza múltiples posibilidades existiendo simultáneamente como ondas de probabilidad, y luego conscientemente "selecciona" y amplifica solo aquella que deseas materializar, observándola con atención inquebrantable.

2. **Ley del Entrelazamiento Intencional** (Teoría EPR de Einstein): Partículas que han interactuado permanecen conectadas independientemente de la distancia. Crea un "par entrelazado" colocando dos objetos idénticos juntos por 24 horas; lleva uno contigo y coloca el otro donde deseas que se manifieste tu intención, estableciendo un canal cuántico directo entre tu conciencia y el lugar de manifestación.

3. **Ley del Campo Punto Cero** (Teoría del Campo Unificado): El vacío cuántico contiene energía infinita accesible mediante fluctuaciones coherentes. Activa el "acceso ZPF" mediante respiración coherente (inhala 5.5 segundos, exhala 5.5 segundos) mientras visualizas tu campo energético personal sincronizándose con el campo cuántico fundamental, creando un "pozo de extracción" que atrae la energía necesaria para materializar tu intención.

4. **Ley de la No-Localidad Manifestadora** (Teorema de Bell): La información y causalidad trascienden las limitaciones espacio-temporales. Realiza la "técnica de transferencia no-local": visualiza intensamente tu resultado deseado como existente en otro punto del espacio-tiempo, y luego establece un "puente Einstein-Rosen" (agujero de gusano conceptual) que conecte esa realidad con tu presente inmediato.

5. **Ley de la Retrocausalidad Cuántica** (Experimento del Borrador Cuántico): Los eventos futuros pueden influir

causalmente en el pasado. Implementa el "bucle temporal": visualiza vívidamente tu yo futuro (que ya ha logrado la manifestación) enviando información crítica a tu yo presente sobre qué acciones específicas tomar para asegurar ese resultado, y luego actúa decisivamente basándote en esa "información recibida del futuro".

6. **Ley de la Coherencia Cuántica Sostenida** (Investigaciones de Fritz-Albert Popp): Los sistemas biológicos mantienen coherencia cuántica a temperatura corporal. Practica la "meditación de coherencia": visualiza cada célula de tu cuerpo emitiendo luz coherente (como un láser biológico) de frecuencia idéntica, creando un campo biofotónico amplificado capaz de imprimir tu intención directamente en la matriz cuántica.

7. **Ley de los Campos Morfogenéticos Dirigidos** (Sheldrake): Patrones energéticos que determinan la forma y comportamiento de sistemas. Crea un "campo morfogenético personal"

concentrándote intensamente en el patrón exacto de tu manifestación deseada durante 20 minutos diarios por 28 días consecutivos (un ciclo lunar), estableciendo una "forma resonante" que atraerá automáticamente las condiciones materiales necesarias para su expresión.

Capítulo 12 - El Sendero de Los Illuminati: Los Secretos de las Sociedades Esotéricas

En todas las tradiciones auténticas, el despertar no es algo que pueda ser concedido por una autoridad externa. Un maestro zen no "transmite" iluminación, sino que la reconoce cuando se ha manifestado en su discípulo. En los misterios eleusinos, los iniciados no recibían un conocimiento reservado, sino que eran guiados a una experiencia directa de revelación. En las escuelas sufíes, el sheikh no "imparte" sabiduría, sino que orienta el camino para que la comprensión surja desde el interior del buscador.

Este principio explica por qué las verdaderas sociedades iniciáticas nunca han pretendido gobernar el mundo ni imponer su visión sobre otros. La iluminación no se dicta, no se decreta, ni puede ser forzada. Como decía un maestro zen: "Puedes acercar un caballo al agua, pero no obligarlo a beber". La sed debe surgir por sí misma.

Esto nos lleva a una paradoja: quienes más proclaman su propia iluminación suelen ser los menos iluminados. Un verdadero maestro comprende que la luz no es suya, que fluye a través de él, pero no le pertenece. Es por ello que los auténticos iniciados hablan poco de sí mismos y mucho sobre la capacidad latente en los demás.

Pero, ¿cómo distinguir entre los impostores y los verdaderos guardianes del conocimiento? A lo largo de la historia, no han faltado quienes han utilizado el ropaje de lo esotérico para obtener poder, influencia o riquezas. Y, sin embargo, la confusión que esto genera no es un accidente: es una prueba natural que separa a los buscadores sinceros de los meros curiosos o los ambiciosos disfrazados de sabios.

Uno de los signos más claros para discernir la autenticidad de un maestro es su relación con el conocimiento. El falso iluminado lo exhibe como una posesión exclusiva que lo hace superior a los demás. El verdadero maestro, en cambio, lo concibe como una revelación universal, accesible a todos aquellos que se abren a ella. Uno busca seguidores; el otro, compañeros de camino. El impostor genera dependencia; el sabio despierta autonomía.

Otro indicador clave es la forma en que una escuela esotérica maneja el poder. Las falsas tradiciones generan estructuras jerárquicas cerradas donde el acceso a la "verdad" depende de la obediencia y de la lealtad incondicional. En cambio, las auténticas establecen un sistema donde la jerarquía es funcional, no basada en privilegios sino en responsabilidades. Como decía un antiguo texto rosacruz: "El verdadero maestro no se mide por los secretos que guarda, sino por las llaves que entrega".

Si observamos las grandes sociedades iniciáticas —desde los Misterios de Mitra hasta la Orden Hermética del Amanecer Dorado, desde los pitagóricos hasta las fraternidades tibetanas— encontramos un patrón común: su estructura refleja el orden del cosmos, como un fractal en el que cada nivel de conocimiento contiene en sí mismo la totalidad, aunque con diferente grado de claridad.

Este principio fractal significa que cada nivel de iniciación no representa una verdad distinta, sino una percepción más profunda de la misma realidad. Como un holograma donde cada parte contiene la imagen completa, pero en menor resolución. Así, en la masonería, los grados no son simples rangos, sino reflejos de la progresión interna del iniciado. Un aprendiz, un compañero y un maestro no poseen "distintas verdades", sino diferentes maneras de relacionarse con la misma sabiduría.

Esta estructura, sin embargo, ha sido malinterpretada tanto por observadores externos como por quienes no han comprendido su propósito esencial. Esto ha llevado a la ilusión de que el conocimiento esotérico es exclusivo de unos pocos, cuando en realidad es un estado de comprensión accesible para todo aquel que se prepare para recibirlo.

Las antiguas escuelas de misterios no ocultaban sus enseñanzas por elitismo, sino por una comprensión profunda de la responsabilidad que conlleva el saber. Como decía un maestro druida: "No cubrimos la luz para privar a otros de ella, sino para protegerla de quienes no están preparados para verla sin deslumbrarse".

Sin embargo, la verdadera iniciación no depende de rituales o jerarquías. No es el resultado de pertenecer a una orden, sino de un proceso interno. Es por ello que la idea de una "iluminación definitiva" es una ilusión propia de una mente que busca certezas estáticas en un universo en constante transformación. El despertar es un proceso sin fin, una expansión continua de la percepción.

Las tradiciones esotéricas más genuinas siempre han sabido que el camino no tiene un destino final. Incluso los maestros más avanzados continúan aprendiendo. Por ello, en las escuelas zen, los grandes maestros siguen practicando junto a sus discípulos, y en las órdenes herméticas, los adeptos continúan perfeccionando lo que a ojos inexpertos parecerían ejercicios elementales.

Leyes Secretas

1. **Ley de la Iniciación Auto-Conferida**
   (Rituales Rosacruces): "La verdadera

iniciación no es conferida sino reconocida internamente." Crea tu propio ritual de autoiniciación en el poder manifestador realizando una vigilia de 24 horas donde ayunas de alimentos, palabras y pensamientos limitantes, culminando con una declaración ritual específica de autorreconocimiento como cocreador consciente, seguida por un acto simbólico de "muerte y renacimiento".

2. **Ley de la Gran Obra Personalizada** (Alquimia): El proceso alquímico debe adaptarse a la naturaleza específica de cada operador. Identifica tu "elemento natal dominante" mediante análisis de tu carta astral o intuición, y diseña un proceso manifestador en siete etapas que enfatice ese elemento: fuego (visualización intensa), tierra (acciones concretas), aire (afirmaciones verbales) o agua (inmersión emocional).

3. **Ley de la Cámara de Reflexión** (Masonería): La manifestación poderosa requiere preparación en oscuridad y silencio. Antes de cualquier intento

manifestador importante, entra en tu "cámara interna": un espacio físico totalmente oscurecido donde permanecerás en completo silencio por al menos 49 minutos, contemplando los cuatro elementos clásicos y su relación con tu intención, antes de "emerger a la luz" con claridad renovada.

4. **Ley del Tetraedro de Manifestación** (Misterios Egipcios): Las cuatro caras del tetraedro representan los cuatro elementos necesarios para toda manifestación. Construye físicamente un tetraedro con las caras coloreadas según la correspondencia elemental tradicional, coloca en su interior un papel con tu intención escrita, y oriéntalo precisamente hacia los puntos cardinales durante 40 días, rotándolo cada 10 días para activar cada elemento secuencialmente.

5. **Ley del Sello del Cordón** (Rituales Templarios): La intención debe ser "sellada" energéticamente para prevenir filtraciones vibratorias. Después de formular claramente tu intención, ata

simbólicamente un cordón rojo alrededor de tu muñeca izquierda (lado receptivo), atándolo con tres nudos mientras declaras que tu intención está "sellada en cuerpo, mente y espíritu", y no lo quites hasta que comiences a ver manifestaciones tangibles.

6. **Ley de la Cadena Magnética** (Hermetic Order of the Golden Dawn): La intención amplificada por múltiples mentes coherentes se potencia exponencialmente. Recluta discretamente 3, 7 o 9 personas de absoluta confianza para formar un "círculo de manifestación", donde todos se enfoquen simultáneamente en visualizar tu resultado deseado durante precisamente 5 minutos a la misma hora exacta, durante ciclos de 3 días consecutivos.

7. **Ley del Egrégore Personal** (Martinismo): Un egrégore es una entidad energética creada por pensamientos focalizados. Crea conscientemente un "servidor energético" visualizándolo con forma,

propósito y nombre específicos, "alimentándolo" con atención diaria durante al menos 33 días, y asignándole la tarea específica de reunir y organizar las circunstancias necesarias para tu manifestación deseada.

Capítulo 13 - Cómo Utilizar Estos Conocimientos

Un río avanza sin resistencia, adaptándose a la forma del terreno, pero esto no significa que su destino esté grabado en piedra. Con el impulso adecuado, la dirección precisa y la intención clara, puede bifurcarse, desbordarse o unirse al océano. Así sucede con la existencia: no es un esquema rígido, sino una estructura moldeable que responde a la conciencia de quien la experimenta.

La noción de un destino inmutable ha sido mal comprendida a lo largo del tiempo. Más que un dictamen ineludible, es un campo de posibilidades en espera de activación. No se trata de escapar de lo inevitable, sino de comprender que lo inevitable es aquello a lo que se le concede poder. La única certeza es la que la mente sostiene con absoluta convicción.

Sin embargo, aquí se encuentra una paradoja fundamental: en el mismo momento en que intentamos aplicar este conocimiento como una herramienta externa, reduciéndolo a una estrategia o técnica, debilitamos su verdadera esencia. Es como ese pez que busca desesperadamente el océano sin notar que ya nada en él. La mentalidad utilitaria, ese aspecto de la mente que busca medios para alcanzar fines, que divide la realidad en sujeto y objeto, es precisamente el velo que oculta la capacidad natural de creación consciente.

Esta paradoja explica por qué tantos dedicados buscadores estudian las leyes de la manifestación, comprenden su mecánica y practican con disciplina sin llegar a experimentar una transformación profunda. Han convertido el conocimiento en algo que se hace, en lugar de algo que se es. Han estructurado la creación consciente en una serie de procedimientos repetitivos, olvidando que la manifestación genuina no es un acto separado, sino el estado natural de una mente despierta.

Las grandes tradiciones de sabiduría, tanto en Oriente como en Occidente, han advertido sobre esta trampa. En el zen, se habla de la "gran muerte" del ego que constantemente busca beneficios. Los sufíes describen el estado de "fana", la disolución de la identidad separada que pretende manipular la realidad. Los alquimistas representaban este proceso con la calcinación, la fase inicial de la Gran Obra donde las ilusiones del yo son reducidas a cenizas.

Esta comprensión no implica la renuncia a la intención ni a los deseos más profundos. Señala, más bien, la existencia de un estado previo a la intención, un alineamiento de la conciencia que debe anteceder cualquier acto auténtico de creación. Es un estado de receptividad total, de presencia absoluta, en el que la inteligencia inherente de la vida puede manifestarse sin obstrucciones. La mayoría intenta manifestar desde un lugar de carencia, separación o insatisfacción con lo que es. Pero la manifestación real surge de la plenitud, de la comunión con lo existente, de la aceptación profunda de lo que ya es.

Piensa en un artista ante un lienzo en blanco. Antes de que el pincel toque la superficie, hay un instante de quietud, de escucha interna, de conexión con algo que aún no tiene forma pero ya existe como posibilidad. No busca imponer su voluntad, sino permitir que algo se exprese a través de él. Este estado de apertura y atención es el preludio de toda creación auténtica.

Los antiguos griegos llamaban a este momento "kairos", el tiempo oportuno que trasciende el tiempo cronológico. No se trata solo de "cuándo" actuar, sino desde "dónde" hacerlo. Actuar desde kairos implica moverse desde una alineación con las fuerzas subyacentes de la existencia. No es un tiempo que pueda ser calculado, sino percibido y reconocido intuitivamente cuando se presenta.

La preparación de la conciencia exige, paradójicamente, soltar el apego a los resultados específicos. No significa abandonar los deseos, sino dejar de aferrarse a una única forma en que deben manifestarse. Cuando nos identificamos demasiado con una versión particular de lo que queremos, bloqueamos las innumerables vías por las cuales la inteligencia universal puede traerlo a nuestra vida.

El taoísmo describe este estado con el concepto de wei wu wei, "acción sin esfuerzo", en el que la intención clara coexiste con la ausencia de lucha. No es pasividad, sino un modo de actuar que emerge naturalmente del flujo de la vida. Cuando se experimenta este estado, la acción no se percibe como una imposición sobre el mundo, sino como una expresión espontánea de la inteligencia universal.

Cada enseñanza transmitida hasta ahora es una pieza de un código mayor, un vínculo entre lo visible y lo invisible, entre lo que se es y lo que se puede llegar a ser. Desde los antiguos textos esotéricos hasta los descubrimientos de la física cuántica, todo converge en una misma verdad: la realidad no ocurre al margen de quien la observa, sino que se despliega a través de su conciencia.

Pero este "tú" al que nos referimos no es la identidad adquirida a lo largo de los años, con sus historias, sus triunfos y sus heridas. Es algo mucho más vasto. Las tradiciones espirituales apuntan a que la disolución de esta identidad limitada es la clave de toda manifestación auténtica.

Esta disolución no implica la pérdida de la individualidad, sino su expansión. Es como si toda la vida se hubiera vivido bajo un personaje, confundiendo el papel con el verdadero ser. No se trata de destruir algo real, sino de reconocer lo ilusorio, de descorrer el velo que separa a la conciencia de su naturaleza más esencial.

¿Por qué es tan crucial esta disolución? Porque mientras se opere desde una identidad restringida, solo se podrá acceder a un rango limitado de posibilidades. Es como intentar dirigir una orquesta con un solo dedo. La conciencia auténtica está conectada con la totalidad del campo de potencialidades, con la matriz infinita desde donde surge toda manifestación.

Las tradiciones antiguas comprendían que el destino es la cristalización de la conciencia. En los evangelios gnósticos se dice: "Si sacas lo que está dentro de ti, eso te salvará. Si no lo sacas, eso mismo te destruirá". Esta enseñanza revela que lo que se cree, se siente y se piensa se proyecta al exterior como un reflejo.

Desde esta perspectiva, la manifestación consciente implica una responsabilidad. Si realmente somos cocreadores de nuestra realidad, cada acto de manifestación tiene un impacto más allá del individuo. La energía que se imprime en cada intención genera ondas que se propagan en la red de la existencia y regresan a su origen de maneras insospechadas.

Los iniciados de diversas tradiciones sabían que la manifestación no es un "poder" para manipular la realidad a voluntad, sino una participación consciente en el proceso creativo del cosmos. Sus intenciones no surgían de deseos personales aislados, sino de una comprensión de su interconexión con el todo. Se preguntaban: "¿Qué desea expresarse a través de mí?".

Esta perspectiva invita a examinar las raíces de cada deseo y a considerar su impacto más allá del beneficio individual. No se trata de renunciar a la felicidad o a la abundancia, sino de madurar la comprensión de que estos anhelos se alinean con una totalidad mayor.

Es así como la manifestación deja de ser un acto esporádico para convertirse en la forma natural de interactuar con la vida. Cada pensamiento, emoción y acción es una pieza del gran entramado creativo. No se trata de atraer algo desde fuera, sino de sintonizarse con lo que ya existe en un nivel más profundo.

Desde esta comprensión, no hay límites ni barreras, solo la proyección de aquello que cada persona elige sostener en su interior. Y quien logre ver esto con claridad, no necesitará más respuestas, porque sabrá que la respuesta ha estado en él desde siempre.

Leyes Secretas

1. **Ley del Decreto Viviente** (Herméticos Tebanos): La palabra hablada con autoridad vibratoria absoluta materializa instantáneamente su contenido. Practica el "decreto tebano": enciérrate en completa oscuridad por 12 minutos para amplificar tu sensibilidad auditiva, y

luego pronuncia tu decreto manifestador una sola vez, con tal plenitud de ser que sientas cada célula de tu cuerpo vibrando con certeza absoluta.

2. **Ley del Escalón Inmediato** (Textos Sufíes): "Dios cambiará el universo entero para dar un solo paso al buscador sincero." Identifica la única acción inmediatamente disponible que puedas realizar ahora mismo hacia tu manifestación, por pequeña que parezca, y ejecútala con atención plena total, activando el principio sufí de baraka (bendición acumulativa) que magnetiza circunstancias favorables futuras.

3. **Ley del Desapego Estratégico** (Bhagavad Gita): El apego excesivo a los resultados crea interferencia en el campo manifestador. Implementa la "técnica del sobre sellado": escribe tu intención detalladamente, séllala en un sobre con cera, entrégasela simbólicamente a la inteligencia universal colocándola bajo una piedra en la naturaleza, y abstente deliberadamente de pensar en ella

durante un período fijo (tradicionalmente 40 días).

4. **Ley de la Calibración Circadiana** (Textos Essenios): Los ciclos corporales deben alinearse con los cósmicos para maximizar el poder manifestador. Durante 21 días, ajusta tu horario para despertar exactamente en el amanecer y realizar inmediatamente tu visualización creativa mientras tu glándula pineal está naturalmente activa, creando un "puente bioquímico" entre tu intención y los ciclos planetarios manifestadores.

5. **Ley del Vacío Receptivo** (Taoísmo): "Solo el recipiente vacío puede ser llenado." Practica el "ayuno de deseos": durante 7 días, abstente conscientemente de todo deseo aleatorio, creando un vacío intencional que genera potente succión en el campo cuántico, para luego introducir precisamente tu intención manifestadora en ese espacio potencializado.

6. **Ley de la Frecuencia Sostenida** (Cabalistas Prácticos): La manifestación requiere mantener una frecuencia

vibratoria constante por tiempo suficiente. Implementa los "anclajes frecuenciales": identifica 5 momentos recurrentes en tu día (ej. despertar, comer, etc.) y asocia cada uno con un ancla sensorial específica (aroma, sonido, gesto) que te devuelva instantáneamente al estado vibratorio alineado con tu manifestación.

7. **Ley de la Gratitud Anticipatoria** (Papiros Egipcios de Manifestación): Agradecer por algo como si ya hubiera ocurrido crea un puente temporal hacia su materialización. Practica el "Henu del Recibimiento": cada noche antes de dormir, colócate en la postura egipcia de adoración (Henu) inclinándote con brazos extendidos, y expresa gratitud específica, detallada y emocionalmente intensa por tu manifestación como si ya la hubieras recibido.

Capítulo 14 - La Revelación Final

Imaginar la iluminación como un punto de llegada es proyectar la lógica del tiempo sobre lo que es atemporal. La mente, habituada a trazar líneas con inicios y finales, concibe el despertar como la última parada de un trayecto. Pero esta idea refuerza la ilusión de que estamos separados de lo que buscamos, de que la verdad es algo por alcanzar en lugar de nuestra esencia más pura.

¿Qué ocurriría si abandonáramos la idea de que hay un final al cual llegar? ¿Si reconociéramos que la búsqueda misma es solo un reflejo del condicionamiento que intenta trascenderse? No estamos caminando hacia algo; estamos recordando lo que ya somos. El océano no necesita convertirse en agua; en cada ola, en cada gota, ya es.

A lo largo de la historia, la humanidad ha transitado caminos marcados por símbolos y fragmentos de sabiduría dispersos en escritos antiguos, templos olvidados y las palabras de aquellos que, por decir lo que no debía ser dicho, fueron silenciados. Pero el conocimiento más resguardado nunca ha estado oculto. No es un misterio esperando ser resuelto, sino una verdad simple, aguardando a ser reconocida.

Esto nos lleva a otra paradoja del conocimiento profundo: la coexistencia entre la certeza absoluta y la humildad sin límites. Los grandes maestros han encarnado esta aparente contradicción. Irradian una convicción inquebrantable, no porque sostengan una ideología rígida, sino porque han experimentado directamente la naturaleza de la realidad. Y, al mismo tiempo, demuestran una humildad total al comprender la inmensidad insondable del misterio en el que existen.

El conocimiento genuino no es un estado definitivo de entendimiento, sino un flujo continuo de asombro. Es la certeza de que no hay nada que saber en términos absolutos, porque la comprensión es inagotable, siempre revelándose de maneras nuevas. Es como un niño que, al dar sus primeros pasos, no declara haber dominado el movimiento, sino que descubre con cada paso nuevas posibilidades, nuevos mundos.

Este reconocimiento cambia por completo la noción de sabiduría. El sabio no es aquel que acumula conocimientos, sino el que ha comprendido la limitación inherente de toda certeza conceptual. Sócrates lo expresó con claridad: "Solo sé que no sé nada", una declaración que no es falsa modestia, sino la revelación de que cualquier conocimiento es diminuto en comparación con lo incognoscible.

El saber auténtico no es una posesión, sino una apertura. No se trata de acumular respuestas, sino de habitar la pregunta con lucidez. Cada respuesta engendra nuevas interrogantes, cada horizonte revela otro más allá, en un despliegue sin fin.

El error fundamental es creer que hay algo que hallar, que la verdad es un objeto externo. Sin embargo, la revelación suprema no se encuentra en los libros, ni se concede como un privilegio. No es una llave, porque jamás hubo una cerradura. No es un camino, porque nunca estuvimos perdidos.

Cuando esta comprensión se profundiza, ocurre algo inesperado: la idea del observador, ese centro estable desde el cual creemos percibir el mundo, comienza a disolverse. No como una desaparición, sino como una expansión más allá de la identidad individual.

La física cuántica ha revelado un principio semejante. En los experimentos, el observador y lo observado no son entidades separadas, sino partes de un mismo proceso. La partícula no existe de forma independiente a la observación; ambos emergen conjuntamente. Del mismo modo, en la creación consciente, el creador y lo creado no son distintos; son expresiones simultáneas de una realidad indivisible.

Las tradiciones místicas han sabido esto desde siempre. Los Upanishads afirman que Atman y Brahman son uno. El taoísmo describe la disolución en el Tao. El sufismo celebra el fana, el desvanecimiento del yo en lo divino. El budismo señala la inexistencia de un yo sólido y separado. Todas estas enseñanzas apuntan en la misma dirección: la trascendencia de la identidad limitada en una conciencia más vasta.

Pero esta disolución no es una pérdida, sino una expansión sin fronteras. No desaparecemos, sino que nos reconocemos como algo mucho más amplio. Como la gota que descubre que es océano, no perdemos nuestra singularidad, sino que la entendemos como una manifestación de lo ilimitado.

En esta comprensión, la separación entre creador y creación se desvanece. No somos agentes aislados manipulando una realidad externa, sino expresiones vivas de la conciencia infinita. La manifestación no es algo que hacemos, sino algo que somos. La realidad no responde a súplicas ni deseos, sino a la vibración de nuestro estado de ser.

Esto ha sido dicho de muchas maneras, pero solo se comprende cuando la conciencia está lista. Jesús lo expresó al decir que el reino de Dios está dentro y fuera de nosotros. Hermes lo sintetizó en la Tabla Esmeralda con la frase "como es arriba, es abajo". Buda lo comprendió al darse cuenta de que no había nada que alcanzar. Los alquimistas ocultaron esta verdad en metáforas, describiendo la transmutación como un cambio de percepción.

Uno de los velos más persistentes que oscurece esta verdad es nuestra creencia en el tiempo como un flujo lineal. La física moderna confirma lo que los místicos siempre han sabido: el tiempo no es absoluto, sino relativo. La mecánica cuántica desafía nuestra comprensión de la secuencialidad. El entrelazamiento cuántico muestra que partículas separadas pueden influirse instantáneamente, desafiando las nociones de causa y efecto.

Los estados de contemplación profunda revelan lo mismo: pasado, presente y futuro pierden su distinción. Meister Eckhart lo describió diciendo: "El ahora en que Dios creó al primer hombre y el ahora en que el último hombre desaparecerá son un solo ahora".

Comprender esto cambia nuestra relación con la realidad. Si el tiempo es flexible, entonces el pasado no dicta el futuro, y la manifestación consciente no es un proceso de causa y efecto, sino un acto de reconocimiento inmediato.

En este punto, la pregunta deja de ser "¿cómo despertar?" y se convierte en "¿qué impide que lo reconozca ahora mismo?". Porque la verdad es simple: nunca hemos estado separados de lo que buscamos.

El pez que pregunta por el océano está rodeado de él. Así también, la mente humana busca afuera lo que ha estado dentro todo el tiempo. No hay fórmulas, ni métodos definitivos, ni secretos reservados a unos pocos. Solo hay la certeza absoluta de que nunca hubo nada que encontrar.

Quien comprende esto deja de buscar. No porque haya encontrado una respuesta final, sino porque ha visto que la pregunta misma era innecesaria. Y en ese instante, el círculo se completa sin haber tenido nunca un borde. El movimiento cesa sin haber comenzado. Todo permanece exactamente como es. Y siempre ha estado bien.

Fin.

Walter Atkinson

www.ingramcontent.com/pod-product-compliance
Lightning Source LLC
LaVergne TN
LVHW051123080426
835510LV00018B/2209